EN BACON KOGEBOG

Forkæl dig selv med bacons uimodståelige magi med læskende opskrifter fra morgenmad til dessert

Freja Holmberg

ophavsret Materiale ©202 3

Alle Rettigheder Reserveret

Ingen del af dette Bestil kan være Brugt eller overført i nogen form eller ved nogen midler uden det passende skrevet samtykke fra _ forlægger og ophavsret ejer, undtagen til kort citater Brugt i -en anmeldelse. Det her Bestil bør ikke være taget i betragtning -en erstatning til medicinsk, gyldige, eller Andet pr af essional råd.

INDHOLDSFORTEGNELSE _

INDHOLD 3
INTRODUKTION 7
HJEMMELAGET BACON 8
   1. Saltet bacon 9
   2. Kalkunbacon 11
MORGENMAD 13
   3. Frittata med asparges og bacon 14
   4. Gnocchi-gryde med bacon og æg 16
   5. Blåskimmelost og baconpandekager 18
   6. Baconpandekager 20
   7. Japansk Okonomiyaki 22
   8. Baconindpakket fransk toast 24
   9. Bisquick Breakfast Pizza 26
   10. Bisquick Quiche 28
   11. Æg morgenmadstærter 30
   12. Bacon og cheddarvafler 32
   13. Cornflake morgenmadsgryde 34
   14. Bacon Grillkager 36
   15. Æg Benedikt 38
   16. Ovnstegte baconkartofler 40
   17. Sød og krydret bacon 42
   18. Hearty Hashbrowns 44
   19. Ravioli morgenmadssalat 46
   20. Farm-Frisk Spinat Quiche 48
   21. BLT Pie 50
   22. Bacon og peber omelet 52
   23. Bacon og spinat Omelet 54
   24. Bondegårdsomelet 56
   25. Omelet med avocado, bacon og schweizisk ost 58
   26. Hjertelig kartoffelomelet 60
   27. Ravioli morgenmadsbag 62
   28. Soltørret tomat- og baconquiche 64
   29. Mac og ost fyldte donuthuller 66
   30. Bacon & Sunflower Microgreen Breakfast 68
BRØD 70
   31. Folar de Chaves 71

32. Hornazo 74
33. Kartoffelkroketter 77
34. Tarte flambée 79
35. Tomat- og baconbrød snoninger 81

SANDWICHES OG WRAPS 83
36. Cheddar & Bacon morgenmadssandwicher 84
37. Bisquick Breakfast Burritos 86
38. **Hurtig Bagel Omelet Sandwich** 88
39. Soltørret tomat- og baconwrap 90
40. Whiskyglaseret bacon og ægsandwich 92
41. PB&J og Bacon Sandwich 94
42. Grillet Mango og Bacon Morgenmad Burritos 96
43. Grillet fersken og bacon morgenmadssandwich 98

PØLSE 100
44. Amerikansk vildtpølse 101
45. Dansk Liverwurst 103
46. Fransk Cervelat 105
47. Fransk kyllingepølse 107
48. Fransk landoksepølse 109
49. Franske Saucisser Cervelas 111
50. **Tysk Metz** 113

BIDER OG FORRETTER 115
51. Baconindpakkede ostehunde 116
52. Gedeost-baconkugler 118
53. BBQ Kylling 120
54. Prosciutto indpakkede mozzarellakugler 122
55. **Bacon avocadobid** 124
56. Bacon og spidskålsbid 126
57. Bacon-indpakkede kyllingebider 128
58. Bacon-østersbid 130
59. Bacon jalapeño kugler 132
60. Bacon ahorn pandekagekugler 134
61. **Flæskekugler** 136
62. Rumaki- kanapeer 138
63. Skinke 'n' cheddar kopper 140
64. Whisky Bacon Wrapped Dadler 142
65. Baconindpakket kylling med bourbonsauce 144
66. **Jack Daniel's Bacon Wrapped Shrimp** 146
67. Chicken Bacon Ranch Nachos 148

68. Morgenmad Bacon Nachos ... 150
69. Nachos med fyldte kartoffelskind ... 152
70. Bacon sennepschips ... 154
71. Mac og ost morgenmadsmuffins ... 156

DIPS ... 158
72. Hvidløg og bacon dip ... 159
73. Krydret reje- og ostedip ... 161
74. Murstensostdip ... 163

NET ... 165
75. Gnocchi med ost og baconsauce ... 166
76. Vildtkødsbrød indpakket i bacon ... 168
77. Leberkäse ... 170
78. BBQ Kylling og Bacon Lasagne ... 173
79. Hawaiian Pizza ... 175
80. Jack Daniel's Bacon Mac 'n' Cheese ... 177
81. Tiramisu Risotto ... 179
82. Bacon Mac og ostesuppe ... 181
83. Slow Cooker Bacon Mac Cheese ... 183
84. Parmesan og Ricotta Pizza ... 185

SALATER ... 187
85. Cæsar Gnocchi Salat ... 188
86. Hummer Cobb Salat ... 190
87. Brændeovn Cæsarsalat ... 192
88. Bacon Ranch Mac og ostesalat ... 194
89. Mac og ostesalat med bacon ... 196
90. Mac og ostesalat med broccoli og bacon ... 198

SIDER ... 200
91. Baconristede rosenkål ... 201
92. Boston bagte bønner ... 203
93. Bacon Ranch Fries ... 205
94. Jul Osteagtig bacon rosenkål pommes frites ... 207
95. Tyske Bratkartoffeln fritter ... 209
96. Chicken Ranch Fries ... 211
97. Irsk Loaded Fries ... 213

DESSERT ... 215
98. Carnivore Cake ... 216
99. Ahorn Bacon-is med ahornglaserede donuts ... 218
100. Æble-, banan- og bacongrill ... 221

KONKLUSION ... 223

INTRODUKTION

Velkommen til baconens sydende verden - en elsket ingrediens, der har magten til at forvandle enhver ret til et lækkert mesterværk. I denne kogebog hylder vi bacons uovertrufne smag og alsidighed, og giver dig en samling af opskrifter, der vil tænde dine smagsløg og efterlade dig trang til mere. Uanset om du er en livslang baconentusiast eller lige er begyndt at udforske dens velsmagende vidundere, er denne kogebog din guide til at frigøre det fulde potentiale af denne uimodståelige ingrediens.

På disse sider vil du opdage en symfoni af smag og teksturer, lige fra sprød og røget til mør og karamelliseret. Fra klassiske morgenmadsprodukter som bacon og æg til gourmetkreationer såsom baconindpakkede kammuslinger, og fra solide baconfyldte sandwich til overraskende bacon-desserter, vil denne kogebog tage dig med på en uforglemmelig kulinarisk rejse. Hver opskrift er lavet med omhu og viser det utrolige udvalg af smag, som bacon bringer til bordet.

Gør dig klar til at begive dig ud på et baconfyldt eventyr i dit eget køkken. Vi vil give dig ekspert madlavningstip, teknikker og innovative måder at inkorporere bacon i dine yndlingsretter. Uanset om du er vært for en brunch, laver en middag om ugen eller forbereder en fest til en særlig lejlighed, vil bacon løfte dine kulinariske kreationer og efterlade et varigt indtryk på dine gæster.

Så tag dit forklæde, forvarm den stegepande, og forbered dig på at fordybe dig i den læskende symfoni af smag, som kun bacon kan levere. Lad os dykke ned i baconens sydende verden!

HJEMMELAGET BACON

1. Salget bacon

INGREDIENSER:
- 5 pund svinekød mave, hud-på
- ½ kop kosher salt
- ½ kop brun farin
- 2 spsk sort peber, friskkværnet
- 2 spsk røget paprika
- 2 tsk pink salt (Prag pulver #1)

INSTRUKTIONER:

a) Kombiner koshersalt, brun farin, sort peber, røget paprika og pink salt i en skål.

b) Gnid blandingen jævnt på svinekødet, og sørg for, at alle sider er belagte.

c) Læg den krydrede flæskesvær i en stor genlukkelig pose eller pak den tæt ind i plastfolie.

d) Stil på køl i 7-10 dage, vend maven hver anden dag for at fordele hærdningsblandingen jævnt.

e) Efter hærdeperioden skal du fjerne svinekødet fra posen og skylle det under koldt vand for at fjerne overskydende salt og krydderier.

f) Forvarm din ryger til 200°F (93°C), og ryg svinekødet i 2-3 timer, indtil den når en indre temperatur på 150°F (66°C).

g) Lad baconen køle af, og stil den derefter på køl i et par timer eller natten over.

h) Skær baconen i den ønskede tykkelse og kog den, som du ville gøre med bacon, der er købt i butikken.

2.Tyrkiet bacon

INGREDIENSER:
- 2 pund kalkunbryst, uden hud og ben
- ¼ kop kosher salt
- 2 spsk sukker
- 1 spsk sorte peberkorn, knuste
- 1 spsk tørret timian
- 1 spsk røget paprika
- 1 tsk hvidløgspulver
- ½ tsk pink salt (Prag pulver #1)

INSTRUKTIONER:
a) Kombiner koshersalt, sukker, knuste peberkorn, tørret timian, røget paprika, hvidløgspulver og pink salt i en skål.
b) Gnid blandingen over hele kalkunbrystet, og sørg for, at det er jævnt belagt.
c) Læg kalkunbrystet i en ziplock- pose og stil det på køl i 5-7 dage, og vend det om hver dag.
d) Efter hærdningsperioden skal du fjerne kalkunbrystet fra posen og skylle det under koldt vand.
e) Dup kalkunbrystet tørt og lad det lufttørre i køleskabet i 12-24 timer.
f) Forvarm ovnen til 175°F (80°C) eller den laveste tilgængelige temperatur.
g) Røg kalkunbrystet i en ryger eller bag det i den forvarmede ovn, indtil det når en indre temperatur på 150°F (65°C).
h) Lad kalkunbaconen køle helt af, før du skærer den i skiver og bruger den som et smagfuldt alternativ til traditionel bacon.

MORGENMAD

3. Frittata med asparges og bacon

INGREDIENSER:
- 1 bundt asparges
- 6 skiver bacon, kogt og smuldret
- 8 æg
- 1/4 kop mælk
- 1/2 kop revet cheddarost
- Salt og peber efter smag

INSTRUKTIONER:
a) Forvarm ovnen til 375°F (190°C).
b) Skær de hårde ender af aspargesene og skær dem i 1-tommers stykker.
c) Sautér aspargesene i en stegepande ved middel varme, indtil de er møre, cirka 5-6 minutter.
d) I en skål piskes æg, mælk, salt og peber sammen.
e) Rør de kogte asparges og smuldret bacon i.
f) Hæld blandingen i en smurt 9-tommer tærtefad og drys revet cheddarost ovenpå.
g) Bag i den forvarmede ovn i 25-30 minutter eller indtil frittataen er sat og let gylden på toppen.
h) Tag den ud af ovnen og lad den køle af i et par minutter inden den skæres i skiver og serveres.

4.Gnocchi- gryde med bacon og æg

INGREDIENSER:
- 1 pund kartoffel gnocchi
- 6 skiver bacon, kogt og smuldret
- 4 æg
- 1 kop babyspinat
- ½ kop revet parmesanost
- Salt og peber efter smag
- Hakket frisk purløg til pynt

INSTRUKTIONER:
a) Kog gnocchierne efter anvisning på pakken. Dræn og sæt til side.
b) I en stor stegepande koges baconen sprød. Fjern baconen og afdryp på køkkenrulle. Smuldr baconen i små stykker.
c) Tilsæt de kogte gnocchi i samme stegepande og kog over medium varme, indtil de er let brunede.
d) Skub gnocchi til den ene side af stegepanden og knæk æggene i den anden side. Kog æggene til den ønskede færdighed.
e) Tilsæt babyspinaten i gryden og kog indtil den er visnet.
f) Drys revet parmesanost, smuldret bacon, salt og peber over gnocchi og æg. Rør alt sammen, indtil det er godt blandet.
g) Overfør gnocchi-gryden til tallerkener og pynt med hakket purløg. Server straks.

5. Blåskimmelost og baconpandekager

INGREDIENSER:
- 1 kop universalmel
- 1 spsk sukker
- 1 tsk bagepulver
- ½ tsk bagepulver
- ¼ tsk salt
- 1 kop kærnemælk
- 1 stort æg
- 2 spsk smeltet smør
- ½ kop smuldret blåskimmelost
- ¼ kop kogt bacon, smuldret

INSTRUKTIONER:

a) I en røreskål piskes mel, sukker, bagepulver, natron og salt sammen.

b) I en separat skål piskes kærnemælk, æg og smeltet smør sammen.

c) Hæld de våde ingredienser i de tørre ingredienser og rør, indtil de netop er blandet.

d) Vend smuldret blåskimmelost og kogt bacon i.

e) Opvarm en slip-let stegepande eller stegepande over medium varme og smør den let.

f) Hæld ¼ kop dej på panden for hver pandekage. Kog indtil der dannes bobler på overfladen, vend derefter og kog i yderligere 1-2 minutter.

g) Gentag med den resterende dej. Server pandekagerne med et drys smuldret blåskimmelost og bacon på toppen.

6.Bacon pandekager

INGREDIENSER:
- 8 skiver centerskåret bacon
- 1½ dl speltmel
- 1½ tsk bagepulver
- 1 tsk bagepulver
- ½ tsk salt
- 2 store æg, pisket
- 1 spsk smør, smeltet
- 1 tsk vaniljeekstrakt
- 1¼ kopper 2% fedtfattig mælk
- ¼ kop ahornsirup

INSTRUKTIONER:
a) Forvarm ovnen til 350°F.
b) Anbring baconen i et enkelt lag på en bageplade beklædt med bagepapir.
c) Skub baconen ind i ovnen og steg i 30 minutter, eller indtil baconen er færdig.
d) Tag baconen ud af ovnen og læg baconen på en tallerken foret med køkkenrulle til afkøling.
e) Tilsæt mel, bagepulver, bagepulver og salt i en stor skål. Pisk for at kombinere ingredienser.
f) Tilsæt æg, smør, vanilje, mælk og ahornsirup i en anden skål og pisk for at kombinere ingredienserne.
g) Tilsæt de våde ingredienser til de tørre ingredienser og pisk for at kombinere det hele grundigt.
h) Lad dejen hvile i 2 til 3 minutter. Dette tillader alle ingredienserne at komme sammen og giver dejen en bedre konsistens.
i) Spray en non-stick stegepande eller stegepande generøst med vegetabilsk olie og opvarm over medium varme.
j) Når panden er varm, læg en baconstrimmel på panden. Hæld ¼ kop dej oven på baconen. Fordel dejen jævnt over baconen, samt siderne af baconen.
k) Kog indtil siderne ser stivnede ud, og vend derefter pandekagen for at stege. Du kan måske bemærke, at disse pandekager steger lidt hurtigere på baconsiden.
l) Når pandekagen er stegt på den side, tages pandekagen af varmen og lægges på en tallerken.
m) Fortsæt disse trin med resten af dejen.

7.Japansk Okonomiyaki

INGREDIENSER:
- 2 kopper kål, fint strimlet
- 1 kop universalmel
- ¾ kop vand
- 2 store æg
- ½ kop hakket spidskål
- ½ kop hakket kogt bacon eller rejer (valgfrit)
- ¼ kop mayonnaise
- 2 spsk Worcestershire sauce
- 1 spsk sojasovs
- Bonitoflager (tørrede fiskeflager) og syltet ingefær, til servering

INSTRUKTIONER:
a) I en stor skål kombineres kål, mel, vand, æg, spidskål og kogt bacon eller rejer (hvis du bruger). Bland godt.
b) Opvarm en slip-let stegepande eller stegepande over medium varme og smør den let.
c) Hæld ¼ kop af dejen på panden og fordel den ud i en cirkel.
d) Kog i 3-4 minutter, indtil bunden er gyldenbrun, vend derefter og kog i yderligere 3-4 minutter.
e) Gentag med den resterende dej. Server okonomiyaki overhældt med mayonnaise, Worcestershire sauce og sojasauce. Drys med bonitoflager og server med syltet ingefær.

8.Bacon indpakket fransk toast

INGREDIENSER:
SOVS:
- 4 spsk usaltet smør
- ½ kop ahornsirup
- 3 spsk tung fløde
- 2 spsk tequila
- ⅛ teskefuld salt
- 1 spsk limesaft

FRANSK TOAST:
- 8 skiver røget bacon i hårdttræ
- 4 (1 tomme tykke) skiver brioche- eller challah-brød
- 5 store æg
- ⅔ kop mælk
- 1 tsk vaniljeekstrakt
- ⅛ teskefuld salt

INSTRUKTIONER

a) Forvarm ovnen til 375 ° F.
b) Smelt smørret i en lille gryde ved middel varme.
c) Rør ahornsirup, fløde, tequila og salt i.
d) Bring det i kog og kog under omrøring ofte, indtil det er let tyknet i cirka 5 minutter. Tag af varmen og rør limesaften i.
e) Arranger 2 skiver bacon rundt om siderne af hver af mini springformene, overlappende efter behov, så det kun er rundt om siderne og ikke på bunden af panden.
f) Skær og trim brødskiverne efter behov, så du kan passe dem godt ind i hver pande med baconen "omkring".
g) Pisk æg, mælk, vanilje og salt sammen i en skål. Hæld blandingen over brødskiverne, stop efter behov for at lade væsken blive absorberet.
h) Lad stå i 10 minutter, prik skiver med en gaffel en eller to gange. Læg springforme på en bageplade.
i) Bag indtil æggene er stivnet og fransk toast har hævet ca. 23-25 minutter. Fjern brødbuddingerne fra panderne og hæld saucen over dem til servering.

9.Bisquick Morgenmad pizza

INGREDIENSER:
- 2 kopper Bisquick mix
- ⅔ kop mælk
- 6 æg, pisket
- 1 kop revet cheddarost
- 1 kop kogt bacon eller pølse, smuldret
- ½ kop peberfrugt i tern
- ½ kop hakkede løg
- Salt og peber efter smag

INSTRUKTIONER:

a) Forvarm ovnen til 425°F (220°C) og smør en pizzapande eller bageplade.

b) Bisquickmix og mælk i en røreskål for at lave pizzaskorpen.

c) Fordel dejen på den smurte form, og form den til en rund pizzaskorpe.

d) I en separat skål blandes sammenpisket æg, revet ost, kogt bacon eller pølse, peberfrugt, løg, salt og peber.

e) Hæld æggeblandingen på den tilberedte pizzaskorpe.

f) Bages i 15-18 minutter eller indtil æggene er sat og skorpen er gyldenbrun.

g) Skær og server som en lækker morgenmadspizza.

10. Bisquick Quiche

INGREDIENSER:
- 2 kopper Bisquick mix
- ½ kop mælk
- 4 æg
- 1 kop revet cheddarost
- 1 kop hakkede grøntsager (såsom spinat, svampe og peberfrugt)
- ½ kop kogt bacon eller skinke, hakket
- Salt og peber efter smag

INSTRUKTIONER:
a) Forvarm ovnen til 375°F (190°C) og smør en tærteform.

b) I en røreskål kombineres Bisquick- blanding, mælk og æg for at lave quicheskorpen.

c) Fordel skorpeblandingen jævnt på bunden og siderne af det smurte tærtefad.

d) I en anden skål blandes revet ost, hakkede grøntsager, kogt bacon eller skinke, salt og peber.

e) Hæld blandingen i tærtebunden.

f) Bages i 30-35 minutter eller indtil midten er sat og skorpen er gyldenbrun.

g) Lad quichen køle af i et par minutter, inden den skæres i skiver og serveres.

11. Æg morgenmadstærter

INGREDIENSER:
- 250 g færdigrullet butterdej
- 4 fritgående æg
- 2 champignon i skiver
- 6-8 skiver stribet bacon
- Cherry tomater
- Frisk timian
- Tørrede røgede chiliflager
- H og fuld g nominel ost efter eget valg

INSTRUKTIONER:
a) Lad først din ovn køle af, indtil den når omkring 180°C.
b) Skær din butterdej i fire firkanter og læg den på en bradepande beklædt med bagepapir til bagning ved høj varme.
c) Bages i 10 minutter, eller indtil dejen er svulmet op og er begyndt at blive gyldenbrun.
d) Steg dit bacon . Tilsæt svampene og et skvæt olivenolie, når baconen er begyndt at koge.
e) Efter at have fjernet tærterne fra den brændefyrede ovn, trykkes midten af hver ned for at hæve siderne lidt.
f) Læg bacon og champignon ovenpå, efterfulgt af et generøst drys ost. Tilføj et par cherrytomater til siderne, hvis du føler dig modig.
g) I din brændeovn knækker du et æg i midten af hver tærte og koger i yderligere 10-15 minutter.
h) Når æggene er færdige, fjern dem fra panden og nyd dine lækre morgenmadslækkerier!

12. Bacon og cheddar vafler

INGREDIENSER:
- 2 kopper universalmel
- 2 spsk granuleret sukker
- 1 spsk bagepulver
- ½ tsk salt
- 2 store æg
- 1¾ dl mælk
- ⅓ kop usaltet smør, smeltet
- 1 kop revet cheddarost
- 6 skiver bacon, kogt og smuldret
- Valgfri toppings: ekstra revet cheddarost, hakkede grønne løg

INSTRUKTIONER:
a) Forvarm dit vaffeljern i henhold til producentens anvisninger.
b) I en stor røreskål piskes mel, sukker, bagepulver og salt sammen.
c) Pisk æggene i en separat skål. Tilsæt mælk og smeltet smør. Pisk indtil godt blandet.
d) Hæld de våde ingredienser i de tørre ingredienser og rør, indtil de netop er blandet. Overbland ikke; et par klumper er fint.
e) Vend revet cheddarost og smuldret bacon i dejen.
f) Smør vaffeljernet let med madlavningsspray eller pensl det med smeltet smør.
g) Hæld dejen på det forvarmede vaffeljern, og brug den anbefalede mængde i henhold til størrelsen på dit vaffeljern.
h) Luk låget og kog til vaflerne er gyldenbrune og sprøde.
i) Fjern forsigtigt vaflerne fra jernet og læg dem over på en rist for at køle lidt af.
j) Gentag processen med den resterende dej, indtil alle vaflerne er kogte.
k) Server bacon- og cheddarvaflerne lune med yderligere revet cheddarost drysset på toppen og et drys hakkede grønne løg, hvis det ønskes.

13. Cornflake morgenmadsgryde

INGREDIENSER:
- 4 kopper cornflakes
- 8 skiver brød i tern
- 2 kopper kogt skinke eller bacon i tern
- 2 kopper revet cheddarost
- 6 store æg
- 2 kopper mælk
- 1 tsk dijonsennep
- ½ tsk salt
- ¼ tsk sort peber

INSTRUKTIONER:
a) Forvarm din ovn til 350°F (175°C). Smør en 9x13-tommer bageplade.
b) Fordel halvdelen af cornflakes i bunden af det tilberedte fad.
c) Top med halvdelen af brødterningerne, skinke eller bacon og revet ost. Gentag med endnu et lag cornflakes, brød, skinke eller bacon og ost.
d) I en stor skål piskes æg, mælk, dijonsennep, salt og sort peber sammen.
e) Hæld æggeblandingen jævnt over de lagdelte ingredienser i bageformen.
f) Tryk let ned med en gaffel for at sikre, at brødet er gennemblødt i æggeblandingen.
g) Lad gryden sidde i cirka 10-15 minutter, så brødet suger væsken.
h) Bages i 35-40 minutter eller indtil toppen er gyldenbrun og æggene er sat.
i) Tag den ud af ovnen og lad den køle af et par minutter inden servering.

14.Bacon Grillkager

INGREDIENSER:
- 12 skiver bacon
- 2 kopper pandekageblanding
- Pynt: smør, ahornsirup

INSTRUKTIONER:

a) På en bageplade indstillet til medium varme koges bacon, indtil det er sprødt. Dræn, behold 2 spiseskefulde dryp.

b) I mellemtiden tilberedes pandekageblandingen i henhold til pakkens anvisninger, og undlad lidt af vandet eller mælken for at få en tykkere dej.

c) Arranger baconskiver 2 tommer fra hinanden på en bageplade, der er smurt med reserverede dryp. Hæld langsomt pandekagedejen over hvert stykke bacon, og dæk hver skive.

d) Kog indtil de er gyldne på begge sider; server med smør og ahornsirup.

15. Æg Benedikt

INGREDIENSER:
- 4 engelske muffins, delt og ristet
- 16 skiver canadisk bacon
- 8 æg
- ¼ kop plus 1 spiseskefuld smør, delt
- ¼ kop universalmel
- 1 tsk paprika
- ⅛ tsk muskatnød
- 2 kopper mælk
- 8-ounce pakke med revet schweizerost
- ½ kop hønsebouillon
- 1 kop cornflake korn, knust

INSTRUKTIONER:
a) Arranger muffins med delt side opad i en let smurt 13"x9" bradepande.

b) Læg 2 baconskiver på hver muffinhalvdel. Fyld en stor stegepande halvt med vand; bring det lige i kog. Bræk et æg i et fad; skub den forsigtigt ned i vandet.

c) Gentag med 3 æg mere. Lad det simre uden låg i 3 minutter eller bare indtil det er sat. Fjern æggene med en hulske. Gentag med de resterende æg.

d) Læg et æg på hver muffinhalvdel; sæt til side. I en gryde over medium varme, smelt ¼ kop smør; rør mel, paprika og muskatnød i. Tilsæt mælk; kog og rør til det er tykt og boblende.

e) Rør i ost indtil smeltet; tilsæt bouillon. Hæld forsigtigt sauce over æggene. Smelt det resterende smør; rør korn i og drys ovenpå. Dæk til og stil på køl natten over.

f) Bages uden låg ved 375 grader i 20 til 25 minutter, indtil de er gennemvarmet.

16. Ovnstegte baconkartofler

INGREDIENSER:
- 3 spsk smør, smeltet
- 1½ pund rødskindskartofler, skåret i ¼-tommers skiver
- ¼ tsk salt
- ¼ tsk peber
- 6 skiver bacon
- Pynt: friske timianblade

INSTRUKTIONER:
a) Beklæd en støbejernsgryde med smeltet smør. Læg kartofler i en gryde; krydr hvert lag med salt og peber.
b) Anret ukogte baconskiver ovenpå.
c) Bages uden låg ved 425 grader i 40 minutter, eller indtil bacon er sprødt og kartoflerne er møre.
d) Pynt med timianblade.

17. Sød og krydret bacon

INGREDIENSER:
- ½ kop brun farin, pakket
- 2 spsk chilipulver
- 1 tsk stødt spidskommen
- 1 tsk spidskommen frø
- 1 tsk stødt koriander
- ¼ tsk cayennepeber
- 10 tykke skiver bacon

INSTRUKTIONER:

a) Beklæd en 15"x10" gelérullepande med aluminiumsfolie.

b) Læg en rist på panden og stil til side.

c) Bland alle ingredienser undtagen bacon.

d) Drys blandingen på et stort stykke vokspapir.

e) Pres baconskiver ind i blandingen, vend for at dække godt.

f) Arranger i et enkelt lag på en rist i panden; sæt gryden på midterste rille i ovnen.

g) Bages ved 400 grader i 12 minutter; vend baconen.

h) Bag i 10 minutter mere, eller indtil dyb brun, men ikke brændt. Afdryp på papirhåndklæder; serveres varm.

18.Hjertelig Hashbrowns

INGREDIENSER:
- 8 skiver bacon, sprødstegt, smuldret, og drypper forbeholdt
- 10 c. kartofler, skrællet, kogt og skåret i tern
- 3 løg, skåret i skiver
- salt og peber efter smag

INSTRUKTIONER:

a) I en stor stegepande, varme reserveret dryppings over medium varme. Tilsæt kartofler og løg til gryden.

b) Kog indtil kartoflerne er gyldne og løgene er møre i cirka 25 minutter.

c) Tilsæt salt og peber efter smag; rør reserveret bacon i.

19.Ravioli morgenmadssalat

INGREDIENSER:
- 1 pakke ost eller kødfyldte ravioli
- 4 kopper blandet grøntsalat
- 1 kop cherrytomater, halveret
- ½ kop agurk i skiver
- ¼ kop hakket rødløg
- ¼ kop smuldret bacon
- Hårdkogte æg, skåret i skiver
- Salatdressing efter eget valg

INSTRUKTIONER:
a) Kog ravioli efter anvisning på pakken. Dræn og sæt til side.
b) I en stor salatskål kombineres de blandede salatgrøntsager, cherrytomater, skåret agurk, snittet rødløg, smuldret bacon og snittede hårdkogte æg.
c) Tilsæt den kogte ravioli i salatskålen.
d) Dryp din yndlingssalatdressing over salaten og vend sammen.
e) Server ravioli-morgenmadssalat med det samme.

20.Gård- Frisk Spinat Quiche

INGREDIENSER:
- 8 skiver bacon, sprødstegt, smuldret og delt
- 9-tommer frossen tærtebund optøet
- 2 kopper revet Monterey Jack ost
- 10-ounce pakke med frossen hakket spinat, optøet og drænet
- 1½ kop mælk
- 3 æg, pisket
- 1 spiseskefuld universalmel

INSTRUKTIONER:

a) Drys halvdelen af den smuldrede bacon på bunden af tærtebunden. Bland ost, spinat, mælk, æg og mel. Hæld over skorpen.

b) Drys det resterende smuldrede bacon ovenpå.

c) Bages ved 350 grader i en time, eller indtil midten er sat.

21. BLT tærte

INGREDIENSER:
- 12 skiver bacon, sprødstegt og smuldret
- 1 kop revet schweizerost
- ½ kop kiks bageblanding
- ⅓ kopper plus 2 spsk mayonnaise, delt
- ¾ kopper mælk
- ⅛ tsk peber
- 2 æg, pisket
- 1 kop revet salat
- 6 tynde skiver tomat

INSTRUKTIONER:

a) Læg bacon og ost i lag på en let smurt 9-tommers tærteplade. I en skål piskes bageblanding, ⅓ kop mayonnaise, mælk, peber og æg sammen, indtil det er blandet. Hæld ost over.

b) Bages ved 350 grader i 25 til 30 minutter, indtil toppen er gylden og en kniv indsat i midten kommer ren ud. Lad stå i 5 minutter. Fordel den resterende mayonnaise over tærten.

c) Drys med salat; anret tomatskiver over salat.

22.Bacon og peber omelet

INGREDIENSER:
- 1 og ½ dl vand
- 4 forårsløg, hakket
- 6 ounce bacon, hakket
- ½ kop rød, grøn og orange peberfrugt, hakket
- En knivspids sort peber
- 6 æg
- ½ kop kokosmælk
- Olivenolie spray

INSTRUKTIONER:
a) I en skål blandes æg med en knivspids sort peber og kokosmælk og piskes godt.
b) Tilsæt blandet peberfrugt, bacon og forårsløg og pisk igen.
c) Spray et rundt fad med olivenolie spray, hæld æg mix og spred.
d) Kom vandet i din instant-gryde, tilsæt dampkogerkurven og bageformen indeni, dæk til og kog på høj i 30 minutter.
e) Lad din omelet køle lidt af, skær den i skiver, fordel den på tallerkener og server.
f) God fornøjelse!

23.Bacon og spinat omelet

INGREDIENSER:
- 3 store æg
- 3 skiver bacon, kogt og smuldret
- 1 kop friske spinatblade
- 1/4 kop revet mozzarellaost
- Salt og peber efter smag
- 1 spsk smør

INSTRUKTIONER:
a) Pisk æggene i en skål og smag til med salt og peber.
b) Varm smør i en slip-let stegepande over medium varme, indtil det er smeltet.
c) Tilsæt spinatbladene i gryden og kog indtil de er visne.
d) Hæld de sammenpiskede æg i gryden, og vip den for at dække spinaten jævnt.
e) Drys smuldret bacon og revet mozzarellaost over halvdelen af omeletten.
f) Lad æggene koge, indtil de begynder at sætte sig rundt om kanterne.
g) Fold forsigtigt den anden halvdel af omeletten over bacon- og ostesiden.
h) Kog i endnu et minut, eller indtil osten er smeltet.
i) Flyt omeletten over på en tallerken og server, mens den er varm.

24. Stuehus Omelet

INGREDIENSER:
- 4 baconstrimler i tern
- 1/4 kop hakket løg
- 6 store æg
- 1 spsk vand
- 1/4 tsk salt, valgfrit
- 1/8 tsk peber
- Dash hot peber sauce
- 3 tsk smør, delt
- 1/2 kop færdigkogt skinke i tern, delt
- 1/4 kop friske svampe i tynde skiver, delt
- 1/4 kop hakket grøn peber, delt
- 1 kop revet cheddarost, delt

INSTRUKTIONER:

a) Steg bacon i en stegepande ved middel varme, til det er sprødt. Brug en hulske til at flytte til køkkenrulle. Si, spar 2 teskefulde dryp. Svits løg i dryppende til det er blødt, og læg det til side.

b) Pisk pebersauce, peber, salt, hvis du vil, vand og æg sammen i en skål. I en 10-in. nonstick stegepande, opvarm 1-1/2 tsk smør over medium varme, og tilsæt halvdelen af æggeblandingen. Mens æggene sætter sig, hæver du kanterne, så den ukogte del løber nedenunder.

c) Når æggene er stivnet, dryp den ene side med halvdelen af osten, grøn peber, svampe, skinke, løg og bacon og fold sammen.

d) Læg låg på og lad det sidde indtil osten smelter, ca 1-2 minutter.

e) Brug resten af ingredienserne til at lave den anden omelet på samme måde.

25. avocado , bacon og schweizisk ost

INGREDIENSER:
- 3 æg
- 3 spiseskefulde Halv-og-halv
- Salt og peber efter smag
- 2 spsk moden avocado i tern
- 1-ounce schweizisk ost, revet
- 1 skive sprød bacon

INSTRUKTIONER:
a) Bland de første 4 ingredienser og slå godt.
b) Hæld i en velsmurt omeletpande og kog over medium varme, indtil den er hævet.
c) Tilsæt avocado, ost og smuldret bacon.
d) Server enten åbent eller foldet.

26. Hjertelig kartoffelomelet

INGREDIENSER:
- 1 baconstrimmel, skåret i 1/2-tommers stykker
- 4 frosne Tater Tots, optøet
- 2 æg
- 2 spsk vand
- 3 spsk revet cheddarost

INSTRUKTIONER:

a) Kog bacon i en 8-in. nonstick stegepande ved middel varme, indtil de er sprøde. Tilføj Tater Tots og brug en spatel til at skille den fra hinanden.

b) Pisk vand med æg i en lille skål, og kom i bradepanden.

c) Mens æggene sætter sig, hæver du kanterne for at lade den rå portion løbe nedenunder.

d) Når æggene er stivnet, lægges ost på den ene side, og omelet foldes over fyldet.

e) Læg et låg på og lad det sidde indtil osten smelter, cirka 1-1/2 minut.

f) Vend omeletten på et fad for at nyde.

27.Ravioli morgenmadsbag

INGREDIENSER:
- 1 pakke ost eller kødfyldte ravioli
- 6 æg
- ¼ kop mælk
- 1 kop revet cheddarost
- 1 kop kogt bacon eller skinke, hakket
- ½ løg, hakket
- 1 peberfrugt, hakket
- Salt og peber efter smag
- Frisk persille (valgfrit, til pynt)

INSTRUKTIONER:
a) Kog ravioli efter anvisning på pakken. Dræn og sæt til side.
b) I en skål piskes æg og mælk sammen. Smag til med salt og peber.
c) Læg halvdelen af den kogte ravioli i et smurt ovnfad efterfulgt af halvdelen af den hakkede bacon eller skinke, løg og peberfrugt.
d) Hæld halvdelen af æggeblandingen over lagene.
e) Gentag lagene med de resterende ravioli, bacon eller skinke, løg og peberfrugt.
f) Hæld den resterende æggeblanding over toppen.
g) Drys revet cheddarost over toppen.
h) Bag i en forvarmet ovn ved 350°F (175°C) i cirka 25-30 minutter, eller indtil æggene er stivnet og osten er gylden og boblende.
i) Pynt med frisk persille, hvis det ønskes.
j) Lad morgenmadsbagen køle lidt af inden servering.

28. Soltørret tomat- og baconquiche

INGREDIENSER:
- 1 færdiglavet tærtebund
- 6 æg
- 1 kop mælk
- ½ kop hakket kogt bacon
- ¼ kop hakkede soltørrede tomater
- ¼ kop revet parmesanost
- Salt og peber efter smag

INSTRUKTIONER

a) Forvarm ovnen til 375°F.
b) Læg tærtebunden i et 9-tommers tærtefad og prik bunden med en gaffel.
c) I en skål piskes æggene med mælk, salt og peber.
d) Rør bacon, soltørrede tomater og parmesanost i.
e) Hæld æggeblandingen i tærtebunden.
f) Bages i 40-45 minutter, til quichen er stivnet.

29. Mac og ost fyldte donuthuller

INGREDIENSER:
- 1 kop kogte makaroni
- 1 kop revet cheddarost
- ¼ kop revet parmesanost
- ¼ kop kogt bacon i tern (valgfrit)
- 1 spsk hakket frisk persille
- 1 dåse nedkølet kiksedej
- Olie til stegning

INSTRUKTIONER

a) I en røreskål kombineres de kogte makaroni, revet cheddarost, revet parmesanost, kogt bacon i tern (hvis du bruger) og hakket frisk persille. Bland godt.
b) Skil den nedkølede kiksdej i individuelle kiks.
c) Flad hver kiks med dine hænder eller en kagerulle.
d) Hæld en lille mængde af mac og cheese-blandingen på midten af hver fladt kiks.
e) Fold kiksedejens kanter over fyldet og klem for at forsegle, så der dannes en kugle.
f) Opvarm olie i en frituregryde eller stor gryde til 350°F (175°C).
g) Læg forsigtigt de fyldte kiksekugler i den varme olie, et par ad gangen, og steg dem gyldenbrune på alle sider. Dette bør tage omkring 2-3 minutter.
h) Fjern donuthullerne fra olien med en hulske og afdryp på køkkenrulle.
i) Gentag stegeprocessen med de resterende fyldte kiksekugler.
j) Server de fyldte doughnuthuller med mac og cheese lune. De kan nydes som de er eller dyppes i marinara sauce, ostesauce eller enhver ønsket dipsauce.

30.Bacon og solsikke Mikrogrøn Morgenmad

INGREDIENSER:

- 8 strimler røget bacon, kogt til det er sprødt og hakket
- 4 kopper skrællede og revet kartofler
- 1 kop revet gult løg
- 1 kop frisk brødkrummer
- ¼ kop jalapeñopeber, finthakket
- en håndfuld solsikkemikrogrønt
- 1 spsk hvidløg, hakket
- olivenolie til panden evt
- 1¼ tsk salt
- friskkværnet sort peber
- 6 æg

INSTRUKTIONER:

a) Forvarm ovnen til 375 grader Fahrenheit.
b) Riv kartoffel og løg i en foodprocessor udstyret med rivejern.
c) Fjern og pres eventuelt væske fra kartoflerne og løget.
d) Vend kartofler og løg med baconolie, rasp, jalapeñopeber og hvidløg i gryden.
e) Øg varmen til medium-høj og tilsæt olivenolien.
f) Kog i 1 8 minutter, under jævnlig omrøring, indtil den er gyldenbrun.
g) Kombiner baconstykkerne med resten af grydens ingredienser.
h) Tilsæt et skvæt salt og peber til retten.
i) Arranger seks ramekins eller en bageplade på en plade.
j) Fordel kartoffel-bacon-blandingen jævnt mellem ramekins eller hæld hele blandingen på bageformen. Tryk forsigtigt ned på kartoflerne med bagsiden af en ske.
k) Lav en lille fordybning i kartoflerne med bagsiden af en ske, og knæk derefter et æg i hver af dem i ramekins, eller drys dem jævnt over kartoflerne i bageformen.
l) Bages i 15 minutter, eller indtil æggene er gennemstegte.
m) Læg et lag mikrogrønt ovenpå fadet.

BRØD

31. Folar de Chaves

INGREDIENSER:
TIL DEJEN:
- 4 kopper brødmel
- 10 g salt
- 10 g sukker
- 7g instant tørgær
- 250 ml varmt vand
- 50 ml olivenolie

TIL FYLDET:
- 200 g speget skinke i tern
- 200 g røget pølse i tern
- 150 g bacon i tern
- 1 løg, finthakket
- 2 fed hvidløg, hakket
- 1 spsk olivenolie
- Salt og peber efter smag
- Frisk persille, hakket (valgfrit)
- 4 hårdkogte æg (valgfrit)

INSTRUKTIONER:

a) I en stor røreskål kombineres brødmel, salt, sukker og instant tørgær.

b) Tilsæt gradvist det varme vand og olivenolie til de tørre ingredienser, mens du blander. Fortsæt med at blande, indtil alle ingredienserne er godt blandet, og der er dannet en dej.

c) Læg dejen over på en meldrysset overflade og ælt den i cirka 10 minutter, indtil den bliver glat og elastisk.

d) Læg dejen tilbage i røreskålen, dæk den med et rent køkkenrulle eller plastfolie, og lad den hæve et lunt sted i cirka 1 til 2 timer, eller indtil den fordobles i størrelse.

e) Mens dejen hæver, tilberedes fyldet. I en gryde varmes olivenolien op ved middel varme. Tilsæt speget skinke i tern, røget pølse, bacon, løg og hvidløg. Sauter indtil ingredienserne er kogte og let brunede. Smag til med salt og peber efter smag. Fjern fra varmen og sæt til side.

f) Når dejen er hævet, slås den ned for at slippe luften ud og overføres til en meldrysset overflade.

g) Rul dejen ud til en stor cirkel, ca 1 cm tyk.

h) Læg det tilberedte fyld i midten af dejen, efterlad en kant rundt om kanterne.

i) Valgfrit: Hvis du bruger hårdkogte æg, så læg dem ovenpå fyldet.

j) Fold kanterne af dejen over fyldet, klem og forsegl dem til et stort rundt brød.

k) Læg Folar de Chaves på en bageplade beklædt med bagepapir.

l) Dæk brødet med et rent køkkenrulle og lad det hæve i yderligere 30 minutter.

m) Forvarm din ovn til 180°C (350°F).

n) Når brødet er hævet, bages det i den forvarmede ovn i cirka 40 til 50 minutter, eller indtil det er gyldenbrunt på ydersiden og lyder hult, når der bankes på bunden.

o) Tag Folar de Chaves ud af ovnen og lad den køle af på en rist, inden den skæres i skiver og serveres.

32. Hornazo

INGREDIENSER:
- 5 kopper brødmel
- 3 tsk tørret gær
- 1 tsk salt
- 125 ml smør i tern
- 440 ml vand
- 1 æg, let pisket
- 1 æggeblomme pisket med 2 tsk vand til glasering

FYLDNING
- 200 g baconudskæringer, svær trimmet og groft hakket
- 350 g chorizo, skåret i 1 cm tykke skiver
- 3 hårdkogte æg i kvarte

INSTRUKTIONER:

a) Bland mel, gær og salt i en stor skål. Smelt smørret i en lille gryde ved middel varme. Tilsæt vandet og varm op til det lige er lunkent. Tilsæt de tørre ingredienser med det piskede æg og brug en træske og derefter dine hænder til at blande til en blød dej.

b) Vend ud på en let meldrysset overflade og ælt i 10 minutter eller indtil glat og elastisk.

c) Smør en ren stor skål let, tilsæt dejen og vend for at beklæde dejen i olien. Dæk til med plastfolie og stil til side et lunt, trækfrit sted i 1 time eller indtil dobbelt størrelse.

d) Varm imens olien op i en stegepande og steg baconen ved middelhøj varme, indtil den begynder at blive sprød. Brug en hulske til at overføre til en skål. Tilsæt chorizoen og kog over medium høj varme, indtil den er gylden. Overfør chorizoen til skålen med bacon.

e) Når du er klar, slår du midten af dejen ned med næven og vender ud på en godt meldrysset overflade. Ælt i 2-3 minutter eller indtil glat. Brug hænderne til at klappe dejen til et rektangel på cirka 20 x 50 cm med en lang side tættest på dig. Brug en wienerbrødsbørste til at pensle yderkanten af dejen med lidt vand. Fordel cirka halvdelen af skinke- og pølseblandingen og de kvarte æg over den midterste tredjedel af dejen.

f) Fold den højre tredjedel af dejen over fyldet, så den dækker. Top med den resterende skinke, chorizo og æg. Fold den resterende tredjedel af dejen over toppen for at dække fyldet, og tryk kanterne sammen for at forsegle.

g) Beklæd en stor bageplade med bagepapir og flyt brødet over på pladen. Dæk til med et let fugtigt viskestykke og stil til side et lunt trækfrit sted i 30 minutter eller indtil dobbelt størrelse.

h) Forvarm ovnen til 200°C.

i) Når du er klar, brug en meget skarp kniv til at skære toppen af brødet diagonalt 4-5 gange. Pensl med æggevaskeblandingen til glasering og bag i 35 minutter, eller indtil den er gennemstegt og lyder hul, når du banker på bunden. Overfør til en rist til afkøling. Serveres varm eller ved stuetemperatur skåret i tykke skiver.

33. Kartoffel croquetas

INGREDIENSER:
- 4 æg
- 2 spsk mælk
- 2 spsk salt
- 3 kopper kogte og kartoffelmos
- 4 skiver bacon
- 1 spsk smør, smeltet
- 1/2 kop revet ost (såsom cheddar eller Gouda)
- 1/4 kop revet bacon
- 2 spsk hakket persille
- 1 kop universalmel

INSTRUKTIONER:
a) I en røreskål piskes 2 æg, mælk og salt sammen.
b) Tilsæt de kogte og mosede kartofler til æggeblandingen og bland godt, indtil det er grundigt kombineret.
c) Steg baconen i en stegepande, indtil den er sprød. Fjern fra varmen, afdryp på køkkenrulle, og smuldr det i små stykker.
d) Tilsæt smuldret bacon til kartoffelblandingen sammen med smeltet smør, revet ost, revet bacon og hakket persille. Bland det hele sammen, indtil det er jævnt fordelt.
e) Form blandingen til små cylindriske kroketter, på størrelse med din håndflade.
f) Læg melet i et lavt fad. I en anden ret piskes de resterende 2 æg.
g) Dyp hver kroket i de sammenpiskede æg, rul den derefter i melet, og sørg for, at den er dækket hele vejen rundt.
h) Opvarm en generøs mængde smør i en stor stegepande over medium varme. Når smørret er smeltet og syder, tilsættes de belagte kroketter i portioner.
i) Kog kroketterne, indtil de er gyldenbrune på alle sider, og vend dem forsigtigt med en spatel.
j) Når de er kogt, overføres kroketterne til en tallerken foret med køkkenrulle for at dræne overskydende olie.
k) Server kartoffelkroketterne varme som en lækker forret eller tilbehør. De kan nydes for sig selv eller med en dipsauce efter eget valg.

34. Tarte flamberet

INGREDIENSER:
- 1 pund (450 g) pizzadej eller købt pizzadej
- 1 kop (240 ml) creme fraîche eller creme fraiche
- 2 mellemstore løg, skåret i tynde skiver
- 6 ounce (170 g) bacon, skåret i tynde skiver
- Salt og peber efter smag
- Valgfri toppings: revet Gruyère- eller emmentalerost, friske krydderurter (såsom purløg eller persille)

INSTRUKTIONER:
a) Forvarm din ovn til den højeste temperaturindstilling (normalt omkring 500°F/260°C).
b) Rul pizzadejen ud på en meldrysset overflade, til den er meget tynd. Du kan forme den til et rektangel eller en hvilken som helst ønsket form.
c) Flyt den udrullede dej over på en bageplade eller pizzasten beklædt med bagepapir.
d) Fordel creme fraiche eller creme fraiche jævnt over dejen, og efterlad en lille kant rundt om kanterne.
e) Arranger de tynde skiver løg og bacon over cremelagen. Du kan også drysse lidt revet ost ovenpå, hvis det ønskes.
f) Smag til med salt og peber efter smag.
g) Sæt bagepladen eller pizzastenen i den forvarmede ovn og bag i cirka 10-15 minutter, eller indtil skorpen er gyldenbrun og sprød, og toppingen er kogt og let karamelliseret.
h) Tag den ud af ovnen og lad den køle af i et par minutter. Pynt eventuelt med friske krydderurter inden servering.
i) Skær i rektangulære skiver og nyd din hjemmelavede tarte flambée!

35.Tomat og bacon brød snoninger

INGREDIENSER:
- 2 spsk hakkede soltørrede tomater
- ½ kop universalmel
- ¼ kop fuldkornshvedemel
- 1 tsk bagepulver med lavt natriumindhold
- ¼ tsk rød peberflager
- ⅛ tsk creme af tandsten
- 2½ spsk usaltet smør
- 2 skiver kalkunbacon, kogt og smuldret
- ¼ kop fedtfri mælk
- 2 spsk revet parmesanost

INSTRUKTIONER

a) Dæk de soltørrede tomater med varmt vand i en lille skål og lad dem sidde i 5 minutter for at rekonstituere tomaterne. Dræn, kassér iblødsætningsvæsken.

b) I en foodprocessor kombineres mel, bagepulver, rød peberflager og fløde af tatar. Tilsæt smørret og puls, indtil blandingen ligner et groft måltid. Overfør blandingen til en medium røreskål.

c) Rør bacon og tomater i. Tilsæt mælken og rør lige indtil dejen samles.

d) Vend dejen ud på en let meldrysset arbejdsflade og ælt den flere gange, indtil den bliver glat. Klap dejen ud til en firkant på 4 gange 4 tommer.

e) Skær firkanten i 4 lige store strimler og halver derefter hver strimmel på kryds og tværs. Sno hver strimmel og læg den på en stor bageplade.

f) Sprøjt brødtvistene med madlavningsspray, drys med osten og bag dem i ovnen, indtil de er let gyldenbrune, cirka 10 minutter. Server straks.

SANDWICHES OG WRAPS

36. Cheddar & Bacon morgenmadssandwicher

INGREDIENSER:
- 3 æg, pisket
- ¼ kop mælk
- 2 spsk smør
- 8 tykke skiver brød
- 12 skiver cheddarost
- ½ spiseskefuld hakkede valnødder
- 4 skiver bacon, sprødstegt og smuldret

INSTRUKTIONER:

a) I en stor skål piskes æg og mælk sammen; sæt til side. Forbered en bageplade eller en stor stegepande ved at smelte smør over lav varme.

b) Dyp kun den ene side af 4 brødskiver i æggeblandingen. Læg 4 brødskiver med den belagte side nedad på en bageplade eller i en stegepande.

c) Top hver brødskive med 3 osteskiver. Drys ost med en lige stor mængde valnødder og bacon.

d) Dyp kun den ene side af de resterende 4 brødskiver i æggeblandingen og læg over valnødder og bacon med den belagte side opad.

e) Steg 5 minutter på hver side, eller indtil brødet er gyldent og osten er smeltet.

37.Bisquick Morgenmad Burritos

INGREDIENSER:
- 2 kopper Bisquick mix
- 1 kop mælk
- 6 æg, rørte
- 1 kop kogt bacon eller pølse, smuldret
- 1 kop revet cheddarost
- ¼ kop hakkede løg
- Salt og peber efter smag
- Mel tortillas

INSTRUKTIONER:
a) Bisquick- mix og mælk i en røreskål for at lave burrito-tortillas. Følg instruktionerne på Bisquick -boksen.
b) Kog røræg i en gryde og smag til med salt og peber.
c) Saml burritoerne ved at lægge en skefuld røræg, smuldret bacon eller pølse, revet ost og hakkede løg på hver tortilla.
d) Rul tortillaerne sammen, og læg siderne ind undervejs.
e) Server burritoerne med det samme, eller pak dem ind i folie til en grab-and-go-morgenmad.

38.Hurtig Bagel Omelet Sandwich

INGREDIENSER:
- 1/4 kop finthakket løg
- 1 spsk smør
- 4 æg
- 1/4 kop hakket tomat
- 1/8 tsk salt
- 1/8 tsk varm pebersauce
- 4 skiver Jones Canadian Bacon
- 4 almindelige bagels, delt
- 4 skiver smeltet amerikansk ost

INSTRUKTIONER:

a) Svits løg i en stor stegepande med smør, indtil de er møre. Blend pebersauce, salt, tomat og æg. Overfør æggeblandingen til gryden. (Blandingen skal sættes i kanterne med det samme.)

b) Mens æggene sætter sig, lad den ukogte del flyde nedenunder ved at skubbe de kogte kanter mod midten. Kog til æggene er sat. I mellemtiden, mikroovn bacon og hvis det ønskes, rist bagels.

c) Læg ost over bagelbunde. Skær omeletten i fire.

d) Server med bacon på bagels.

39. Soltørret tomat og bacon wrap

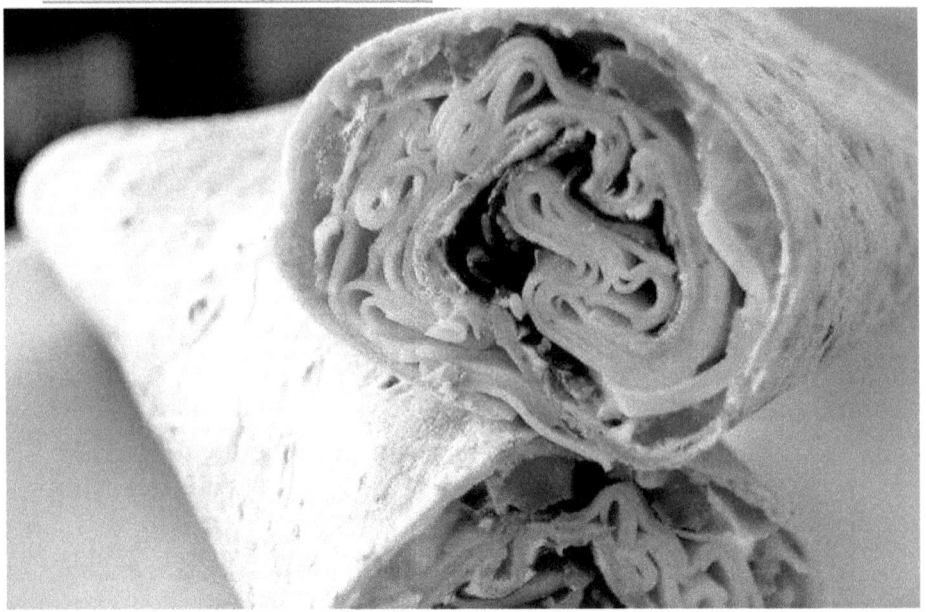

INGREDIENSER:
- 1 stor mel tortilla
- 2 æg
- 2 skiver bacon, kogt og hakket
- 2 spsk hakkede soltørrede tomater
- ¼ kop revet cheddarost
- Salt og peber efter smag

INSTRUKTIONER

a) Pisk æggene med salt og peber i en skål.
b) Varm en slip-let pande op over medium varme.
c) Hæld æggene i gryden og kog indtil de er rørte.
d) Tilsæt bacon og soltørrede tomater på panden og rør rundt.
e) Læg tortillaen på en tallerken og drys ost ovenpå.
f) Hæld æggeblandingen oven på osten.
g) Fold bunden af tortillaen op og over fyldet, fold derefter siderne ind og rul wrap sammen.

40.Whiskyglaseret bacon og ægsandwich

INGREDIENSER:
- 4 skiver bacon
- 2 æg
- 2 engelske muffins, delt og ristet
- ¼ kop Jack Daniels whisky
- 2 spsk brun farin
- Salt og peber efter smag

INSTRUKTIONER

a) I en stegepande ved middelhøj varme koges baconen sprød.
b) I en anden stegepande over medium-høj varme, kog æggene efter din smag.
c) I en røreskål piskes Jack Daniels whisky og farin sammen.
d) Dyp hver skive bacon i whiskyblandingen, beklæd begge sider.
e) Saml sandwichene ved at lægge en skive whiskyglaseret bacon og et kogt æg på hver ristet engelsk muffinhalvdel.
f) Smag til med salt og peber efter smag.
g) Serveres varm.

41.PB&J og Bacon Sandwich

INGREDIENSER:
- 2 skiver brød
- 2 spsk jordnøddesmør
- 2 spsk gelé eller marmelade
- 2 strimler bacon, kogt

INSTRUKTIONER

a) Fordel jordnøddesmør på en skive brød.
b) Fordel gelé eller marmelade på den anden skive brød.
c) Læg de to strimler bacon ovenpå peanutbutteret på en af brødskiverne.
d) Læg de to skiver brød sammen, med peanutbutter- og gelésiderne mod hinanden.
e) Skær i halve og server.

42.Grillet Mango og Bacon Morgenmad Burritos

INGREDIENSER:
- 2 modne mangoer, skrællet og skåret i tern
- 6 skiver bacon
- 6 mel tortillas
- 6 æg
- ½ kop revet cheddarost
- Salt og peber efter smag
- Salsa til servering

INSTRUKTIONER

a) Forvarm grillen til medium varme.

b) Grill baconskiver i 2-3 minutter på hver side, indtil de er sprøde, og skær derefter i små stykker.

c) Grill mango i tern i 2-3 minutter på hver side, indtil den er let karamelliseret.

d) I en gryde røres æg og smages til med salt og peber.

e) For at samle burritoerne, hæld røræg, grillet mango og hakket bacon på en tortilla.

f) Drys med revet cheddarost og fold tortillaen til en burrito.

g) Grill burritos i 2-3 minutter på hver side, indtil de er gyldenbrune og gennemvarme.

h) Server med salsa ved siden af.

43.Grillet fersken og bacon morgenmadssandwich

INGREDIENSER:
- 2 ferskner, halveret og udstenet
- 4 skiver bacon
- 2 engelske muffins, delt og ristet
- 2 æg
- ½ kop rucola
- Salt og peber efter smag

INSTRUKTIONER

a) Forvarm grillen til medium varme.
b) Grill ferskenhalvdelene i 2-3 minutter på hver side, indtil der kommer grillmærker.
c) Grill baconskiver i 2-3 minutter på hver side, til de er sprøde.
d) Steg æg til det ønskede niveau i en stegepande og smag til med salt og peber.
e) For at samle sandwichen skal du lægge en grillet ferskenhalvdel og to baconskiver på en ristet engelsk muffin.
f) Top med et spejlæg og en håndfuld rucola .
g) Server straks.

PØLSE

44.amerikansk Vildtkød Pølse

INGREDIENSER:
- 4 pund groft malet vildtkød
- 1 pund fintmalet bacon
- 1 spsk salt
- 1 spsk salvie
- 1 tsk allehånde
- 2 spsk sukker
- 1 tsk koriander
- 1½ tsk sennepsfrø
- 6 fed presset hvidløg
- 2 spsk sort peber
- 1 kop koldt vand

INSTRUKTIONER:
a) Kombiner alle ingredienser, bland grundigt, og fyld i svinetarm.
b) At lave mad, koge, bage eller stege.

45.dansk Leverpølse

INGREDIENSER:
- 4 pund finmalet kogt svinelever (kogt)
- 1 pund fintmalet bacon
- 2 kopper hakket løg
- 1½ dl mælk
- 1½ kopper inddampet mælk
- ½ kop kartoffelmel
- 6 sammenpisket æg
- 3 tsk sort peber
- 2 spsk salt
- 1 tsk stødt nelliker
- 1 tsk allehånde

INSTRUKTIONER:
a) Lav en sauce af mælken og kartoffelmelet, og kog til det er tykt.
b) Kombiner alle ingredienser.
c) Lad det simre i saltet vand i cirka 20 minutter.
d) Stil på køl i 24 timer før brug.
e) Flæk pølse og brug den som smørepålæg.

46.fransk Cervelat

INGREDIENSER:
- 4 pund medium hakket svinekød
- 1 pund fintmalet bacon
- 1 kop hakket persille
- ¼ kop hakket spidskål og grønt
- 1½ spsk salt
- 1 tsk timian
- 1 tsk basilikum
- 6 fed presset hvidløg
- 1 kop tør hvidvin

INSTRUKTIONER:

a) Kombiner alle ingredienser og fyld i etuiet. Hæng i 3-4 dage på et køligt sted.

b) Kog denne pølse i oksebouillon i mindst tre timer med salt, sort peber, timian, basilikum, laurbærblad, persille og hakket spidskål.

47.fransk Kyllingepølse

INGREDIENSER:
- 4 pund mellemmalet kogt hvid kylling
- 1 pund mellemmalet kogt bacon
- 1 pund mellemmalet kogt kyllingelever
- 10 mellemstore æg
- 1 spsk salt
- 1 tsk muskatnød
- 1 tsk stødt nelliker
- 2 tsk hvid peber
- 1 kop kyllingebouillon
- 1 kop brødkrummer

INSTRUKTIONER:
a) Kombiner alle ingredienser, bland godt, og fyld i fåretarm.
b) Til at lave mad, stege, bage eller stege i smør.

48.Fransk land oksekød Pølse

INGREDIENSER:
- 4 pund magert oksekød
- 2 pund magert bacon
- 2½ spsk salt
- 3 tsk friskkværnet peber
- 4 fed presset hvidløg
- 2 spsk pimento, hakket
- 1 kop vand

INSTRUKTIONER:
a) Kværn oksekød med en fin plade kværn sammen med bacon.
b) Bland godt med de øvrige ingredienser og fyld i fåretarm.
c) Du kan binde det hver 4-6 tommer.
d) Tør i en varm ovn eller ryg meget let.
e) Til servering pocheres i kogende vand eller oksefond i ca. 10-12 minutter.

49.fransk Saucisser Cervelas

INGREDIENSER:
- 3 pund medium hakket svinekød
- 1 pund medium hakket oksekød chuck
- 1 pund fintmalet bacon
- 2 spsk salt
- 1 spsk sort peber
- 8 fed presset hvidløg
- 1 stort løg, hakket
- 1 kop vand

INSTRUKTIONER:
a) Bland alle ingredienserne sammen, bland godt og fyld i svinetarm.
b) Bind hver 6 eller 10 tommer. Den kan ryges, hvis du har lyst.
c) For at lave mad skal du simre i varmt vand eller rødvin.

50. tysk Metz

INGREDIENSER:
- 4 pund fint hakket oksekød chuck
- 1 pund fintmalet bacon
- 1 spsk sort peber
- 1 tsk stødt koriander
- 1 spsk salt
- 1 kop Rhinvin

INSTRUKTIONER:
a) Bland alle ingredienserne sammen, bland godt og fyld i svinetarm.
b) Bind af i 6-tommer længder.
c) Kold røg i 24 timer. Til at lave mad, stege eller bage.

BIDER OG FORRETTER

51. Bacon- indpakket ostehunde

INGREDIENSER:
- 4 Hotdogs
- 4 skiver bacon
- 1 skive amerikansk ost
- 4 pølseboller
- Sennep

INSTRUKTIONER:

a) Læg bacon på mikroovnstativet. Dæk med et køkkenrulle. Mikrobølgeovn på høj i 3½ minut eller indtil næsten færdig.

b) Start ½ tomme fra enden, skær hver hotdog på langs. Skær osten i 4 strimler og læg den i hotdogboller.

c) Vikl bacon omkring hotdogs og fastgør med tandstikker. Dræn fedt fra baconstativet. Stil hotdogs på stativet.

d) Dæk med et køkkenrulle.

52.Ged Ostebaconkugler

INGREDIENSER:
- 6 skiver bacon
- 4 ounce gedeost
- 4 ounce flødeost
- 2 spsk hakket timian eller basilikum delt
- ¼ tsk sort peber
- ¼ kop pekannødder

INSTRUKTIONER:
a) Steg baconen i en stegepande ved middel varme.
b) Fjern til en plade beklædt med køkkenrulle for at dræne.
c) Klap skiverne for at fjerne overskydende fedt.
d) Mens baconen koger, piskes gedeost, flødeost, 1 spsk krydderurter og sort peber i foodprocessoren.
e) Pisk indtil cremet .
f) Læg kugler på en bageplade beklædt med bagepapir.
g) Sæt i fryseren i 20 minutter for at stivne lidt mere.
h) Rens foodprocessoren. Smuldr den afkølede bacon, den resterende spiseskefuld urter og pekannødderne i.
i) Pisk indtil meget fint og smuldrende; det skal være lige så fint, som din foodprocessor vil gøre det.
j) Tag ostekuglerne ud af fryseren og rul dem i baconblandingen, tryk den ind med fingrene, hvis den ikke klistrer med det samme.
k) Læg kuglerne i en beholder på siden og stil dem på køl indtil servering.
l) Server på tandstikker eller med kiks.

53. BBQ kylling

INGREDIENSER:
- 4 kyllingebryst
- ½ kop barbecue sauce
- ¼ kop cheddarost
- 3 spiseskefulde baconstykker

INSTRUKTIONER:
a) Læg kyllingebryst i en mikrobølgeovn.
b) Top med sauce.
c) Kog i mikroovnen i 5 minutter.
d) Drys med cheddarost og baconstykker.
e) Kog i mikroovnen i yderligere 3 minutter.

54. Prosciutto indpakkede mozzarellakugler

INGREDIENSER:
- 8 mozzarellakugler, kirsebærstørrelse
- 4 ounce bacon, skåret i skiver
- ¼ tsk malet sort peber
- ¾ tsk tørret rosmarin
- 1 tsk smør (⅛ sundt fedt)

INSTRUKTIONER:
a) Drys den skivede bacon med kværnet sort peber og tørret rosmarin.
b) Pak hver mozzarellakugle ind i den skåret bacon og fastgør dem med tandstikker.
c) Smelt smør.
d) Pensl mozzarellakugler med smør.
e) Beklæd bagepladen med bagepapir og anbring mozzarellakugler deri.
f) Bag måltidet i 10 minutter ved 365F.

55. Bacon avocadobid

INGREDIENSER:
- 2 store avocadoer, skrællet og udstenet
- 8 skiver bacon uden tilsat sukker
- ½ tsk hvidløgssalt

INSTRUKTIONER:
a) Forvarm ovnen til 425°F. Beklæd en bageplade med bagepapir.
b) Skær hver avocado i 8 lige store skiver, hvilket gør 16 skiver i alt.
c) Skær hvert stykke bacon i halve. Vikl en halv skive bacon omkring hvert stykke avocado. Drys med hvidløgssalt.
d) Læg avocadoen på en bageplade og bag i 15 minutter. Tænd ovnen, og fortsæt med at stege yderligere 2-3 minutter, indtil baconen bliver sprød.

56. Bacon og spidskålsbid

INGREDIENSER:
- ⅓ kop mandelmel
- 1 spsk usaltet smør, smeltet
- 1 (8-ounce) pakke flødeost, blødgjort
- 1 spsk baconfedt
- 1 stort æg
- 4 skiver bacon uden tilsat sukker, kogt, afkølet og smuldret
- 1 stort grønt løg, kun toppe, skåret i tynde skiver
- 1 fed hvidløg, hakket
- ⅛ teskefuld sort peber

INSTRUKTIONER:
a) Forvarm ovnen til 325°F.
b) Kombiner mandelmel og smør i en lille røreskål.
c) Beklæd 6 kopper af en muffinform i standardstørrelse med cupcake-foringer. Fordel mandelmelblandingen ligeligt mellem kopper og tryk forsigtigt ned i bunden med bagsiden af en teske. Bag i ovnen i 10 minutter, og fjern derefter.
d) Mens skorpen bager, kombinerer du flødeost og baconfedt grundigt i en mellemskål med en håndmixer. Tilsæt æg og blend indtil det er blandet.
e) Fold bacon, løg, hvidløg og peber i flødeostblandingen med en spatel.
f) Fordel blandingen mellem kopper, sæt tilbage i ovnen og bag yderligere 30-35 minutter, indtil osten sætter sig. Kanterne kan være let brunede. For at teste færdigheden, indsæt en tandstikker i midten. Hvis den kommer ren ud, er cheesecaken færdig.
g) Lad afkøle i 5 minutter og server.

57.Bacon- indpakket kyllingebider

INGREDIENSER:
- ¾ pund udbenet, skindfri kyllingebryst, skåret i 1" terninger
- ½ tsk salt
- ½ tsk sort peber
- 5 skiver bacon uden tilsat sukker

INSTRUKTIONER:
a) Forvarm ovnen til 375°F.
b) Vend kyllingen med salt og peber.
c) Skær hver skive bacon i 3 stykker og pak hvert stykke kylling ind i et stykke bacon. Fastgør med en tandstik.
d) Sæt indpakket kylling på en slagtekyllingrist og bag i 30 minutter, vend om halvvejs gennem tilberedningen. Tænd ovnen til at stege og steg i 3-4 minutter, eller indtil bacon er sprødt.

58. Bacon- østersbid

INGREDIENSER:
- 8 skiver Bacon
- ½ kop Herbed krydret fyld
- 1 dåse (5 oz) østers; hakket
- ¼ kop Vand

INSTRUKTIONER:

a) Forvarm ovnen til 350ø. Skær baconskiver i halve og steg lidt. OVERKOG IKKE.

b) Bacon skal være blødt nok til at rulle let rundt om kugler. Kombiner fyld, østers og vand.

c) Tril til mundrette kugler, cirka 16.

d) Pak kuglerne ind i bacon. Bages ved 350ø i 25 minutter. Serveres varm.

59.Bacon jalapeño bolde

INGREDIENSER:
- 5 skiver bacon uden tilsat sukker, kogt, fedt reserveret
- ¼ kop plus 2 spiseskefulde (3 ounce) flødeost
- 2 spsk reserveret baconfedt
- 1 tsk frøet og finthakket jalapeñopeber
- 1 spsk finthakket koriander

INSTRUKTIONER:

a) Hak bacon i små krummer på et skærebræt.

b) I en lille skål kombineres flødeost, baconfedt, jalapeño og koriander; bland godt med en gaffel.

c) Form blandingen til 6 kugler.

d) Læg baconsmuldre på en mellemstor tallerken og rul individuelle kugler igennem, så de bliver jævnt.

e) Server med det samme eller stil i køleskabet i op til 3 dage.

60.Bacon ahorn pandekage kugler

INGREDIENSER:
- 5 skiver bacon uden tilsat sukker, kogt
- 4 ounces (½ kop) flødeost
- ½ tsk ahornsmag
- ¼ tsk salt
- 3 spsk knuste pekannødder

INSTRUKTIONER:
a) Hak bacon i små krummer på et skærebræt.
b) I en lille skål kombineres flødeost og baconsmulder med ahornsmag og salt; bland godt med en gaffel.
c) Form blandingen til 6 kugler.
d) Placer knuste pekannødder på en mellemstor tallerken og rul individuelle kugler igennem, så de bliver jævnt.
e) Server med det samme eller stil i køleskabet i op til 3 dage.

61.Svinekød alt

INGREDIENSER:
- 8 skiver bacon uden tilsat sukker
- 8 ounce Braunschweiger ved stuetemperatur
- ¼ kop hakkede pistacienødder
- 6 ounce (¾ kop) flødeost, blødgjort til stuetemperatur
- 1 tsk dijonsennep

INSTRUKTIONER:
a) Steg bacon i en medium stegepande over medium varme, indtil det er sprødt, 5 minutter på hver side. Afdryp på køkkenrulle og lad afkøle. Når det er afkølet, smuldres det i små baconstykker.

b) Placer Braunschweiger med pistacienødder i en lille foodprocessor og pulsér, indtil det lige er blandet.

c) Brug en stavblender til at piske flødeost og dijonsennep i en lille røreskål, indtil det er blandet og luftigt.

d) Fordel kødblandingen i 12 lige store portioner. Rul til kugler og dæk i et tyndt lag flødeostblanding.

e) Afkøl i mindst 1 time. Når du er klar til at servere, læg baconstykker på en mellemstor tallerken, rul kugler igennem, så de bliver jævnt, og nyd.

62. Rumaki kanapeer

INGREDIENSER:
- ½ kop Vand
- 1 tsk Kyllingebouillon
- 250 gram kyllingelever
- 1 spiseskefuld Shoyu
- ½ tsk Løgpulver, tør sennep
- ¼ teskefuld Muskatnød
- ¼ kop Tør sherry
- 1 skvæt pebersauce
- 220 gram vandkastanjer
- 6 Bacon

INSTRUKTIONER:

a)   Kombiner vand, bouillon og lever i en 1-liters gryde. Kog ved høj varme i 4-5 minutter , indtil de ikke længere er lyserøde. Dræne.

b)   Steg bacon på et køkkenrulle ved høj varme i 5-6 minutter , indtil det er sprødt. Smuldr og sæt til side.

c)   Kom lever, shoyu, løg og sennep, muskatnød og sherry i en foodprocessor. Blend indtil glat. Tilsæt pebersauce sparsomt. Rør vandkastanjer og bacon i.

d)   Fordel tykt på toast trekanter eller kiks. Forbered på forhånd og opvarm igen ved at placere dem på en plade med papir. Brug middelhøj effekt i 1-2 minutter , indtil den er gennemvarmet.

e)   Pynt med en skive oliven eller peberfrugt.

63. Skinke 'n' cheddar kopper

INGREDIENSER:
- 2 kopper mel til alle formål
- ¼ kop Sukker
- 2 teskefulde Bagepulver _
- 1 tsk Salt
- ¼ teskefuld Peber
- 6 æg
- 1 kop Mælk
- ½ pund Fuldt kogt skinke; terninger
- ½ pund cheddarost; skåret i tern eller strimlet
- ½ pund Bacon i skiver; kogt og smuldret
- 1 lille Løg ; fint hakket

INSTRUKTIONER:

a) I en skål kombineres mel, sukker, bagepulver, salt og peber. Pisk æg og mælk; rør i tørre ingredienser , indtil det er godt blandet. Rør skinke, ost, bacon og løg i.

b) Fyld velsmurte muffinsforme tre fjerdedele op.

c) Bages ved 350° i 45 minutter . Afkøl i 10 minutter, før den tages ud på en rist.

64. Whisky Bacon indpakket Datoer

INGREDIENSER:
- 16 Medjool datoer
- 8 skiver bacon, skåret i halve
- ¼ kop whisky
- 1 spsk ahornsirup

INSTRUKTIONER:
a) Forvarm ovnen til 375°F (190°C).
b) Udpit dadlerne ved at skære en lille slids i hver af dem og fjerne kernen.
c) I en lille skål piskes whisky og ahornsirup sammen.
d) Pak hver daddel ind med en halv skive bacon, og fastgør den med en tandstik.
e) Læg de baconindpakkede dadler på en bageplade beklædt med bagepapir.
f) Pensl whisky-ahornglasuren over dadlerne.
g) Bages i 15-20 minutter, til baconen er sprød og dadlerne er karamelliserede.

65. Baconindpakket kylling med Bourbonsauce

INGREDIENSER:
- 3 kyllingebrysthalvdele, sommerfuglede
- 2 fed hvidløg, halveret
- Havsalt og kværnet sort peber efter smag
- 1 tsk cayennepeber
- 1 tsk tørrede persilleflager
- 1 tsk sennepspulver
- ¼ teskefuld malet allehånde
- 6 skiver bacon
- ½ kop BBQ sauce
- 2 spsk Jack Daniel's

INSTRUKTIONER:

a) Tilsæt 1½ kop vand og en metalbordskive til Instant Pot.

b) Gnid derefter kyllingebryst med hvidløg. Drys kyllingen med krydderier.

c) Pak derefter hvert kyllingebryst ind i 2 baconskiver; sikres med tandstikker. Sænk indpakket kylling ned på metalunderlaget.

d) Fastgør låget. Vælg indstillingen "Fjerkræ" og kog i 15 minutter under højt tryk. Når tilberedningen er færdig, skal du bruge en naturlig trykudløser; fjern forsigtigt låget.

e) Dryp derefter kyllingen med BBQ Sauce og Jack Daniel's; bages i din ovn i 15 minutter. God appetit!

66.Jack Daniels bacon indpakket Reje

INGREDIENSER:
- 16 store rejer, pillede og deveirede
- 8 skiver bacon, skåret i halve
- ¼ kop Jack Daniels whisky
- ¼ kop brun farin
- 2 spsk sojasovs
- 2 spsk dijonsennep
- 2 fed hvidløg, hakket
- Salt og sort peber efter smag

INSTRUKTIONER:

a) I en røreskål piskes Jack Daniel's whisky, brun farin, sojasauce, dijonsennep, hvidløg, salt og sort peber sammen.

b) Læg rejerne i et lavt fad og hæld marinaden over dem.

c) Dæk fadet til og stil det på køl i mindst 30 minutter.

d) Forvarm ovnen til 400°F (200°C).

e) Fjern rejerne fra marinaden og kassér den resterende marinade.

f) Pak hver reje ind med en halv skive bacon og fastgør den med en tandstik.

g) Læg rejerne på en bageplade og bag dem i ovnen i 10-12 minutter, eller indtil baconen er sprød og rejerne er gennemstegte.

h) Serveres varm.

67. Chicken Bacon Ranch Nachos

INGREDIENSER:
- 2 kopper kogt strimlet kylling
- ½ kop ranchdressing
- 1 pose tortillachips
- 1 kop revet cheddarost
- ¼ kop smuldret bacon
- ¼ kop hakket frisk persille

INSTRUKTIONER:
a) Forvarm ovnen til 375°F.
b) I en skål blandes den kogte strimlede kylling med ranchdressingen.
c) På en bageplade fordeles tortillachipsene i et enkelt lag.
d) Drys den revne cheddarost over chipsene, og top med kylling og ranch dressing blanding.
e) Drys smuldret bacon over toppen.
f) Bag i 10-15 minutter, eller indtil osten er smeltet og boblende.
g) Top med hakket frisk persille.

68.Morgenmad Bacon Nachos

INGREDIENSER:
- 1 pose tortillachips
- 2 kopper revet cheddarost
- 4 røræg
- 4 skiver kogt bacon, hakket
- ½ kop tomat i tern
- ¼ kop hakket grønt løg
- ¼ kop creme fraiche

INSTRUKTIONER:

a) Læg tortillachipsene på en bageplade og top med revet ost, røræg, hakket bacon, hakket tomat og grønne løg.
b) Bag i 10-15 minutter eller indtil osten er smeltet.
c) Top med creme fraiche inden servering.

69.Nachos med fyldte kartoffelskind

INGREDIENSER:
- 4 rødbrune kartofler
- 2 spsk olivenolie
- 1 pose tortillachips
- 1 kop revet cheddarost
- 1 kop revet Monterey Jack ost
- 6 strimler kogt bacon, smuldret
- ¼ kop hakkede grønne løg
- ¼ kop creme fraiche

INSTRUKTIONER:

a) Forvarm ovnen til 375°F.

b) Vask og tør kartoflerne, prik dem derefter med en gaffel over det hele. Gnid med olivenolie og læg på en bageplade. Bages i 45-60 minutter, eller indtil de er møre.

c) Skær kartoflerne i halve på langs og skrab kødet ud, efterlad et tyndt lag kartoffel i skindet.

d) På en bageplade fordeles tortillachipsene i et enkelt lag. Læg kartoffelskallerne oven på chipsene.

e) Drys revet ost og smuldret bacon over kartoffelskind og chips.

f) Bag i 10-15 minutter, eller indtil osten er smeltet og boblende.

g) Top med hakkede grønne løg og klatter creme fraiche.

70. Bacon sennepssprød

INGREDIENSER:
- 7 skiver magert bacon
- ½ kop vand
- ¼ kop Dijon-stil sennep
- 2 kopper universalmel
- ½ tsk salt
- 1 spsk bagepulver
- 1 tsk friskkværnet hvid peber
- 6 spiseskefulde koldt smør; skåret i 6 stykker

INSTRUKTIONER:

a) Steg bacon i en stor stegepande, indtil det er sprødt. Læg dem på køkkenrulle til afdrypning og reserver 2 spiseskefulde bacondryp. Hak bacon fint.

b) Kombiner vand, sennep og 2 spiseskefulde bacondryp i en foodprocessor udstyret med et metalblad. Process indtil lige blandet.

c) Kombiner mel, salt, bagepulver og hvid peber i en foodprocessor udstyret med et metalblad. Processen at kombinere. Tilsæt smør; puls, indtil blandingen ligner et groft måltid. Tilsæt sennepsblandingen og puls, indtil den netop er blandet. Tilsæt bacon og puls en eller to gange, lige nok til at blande baconen.

d) Læg blandingen på en let meldrysset arbejdsflade. Med en meldrysset kagerulle rulles dejen til en ⅛-tommer tykkelse. Dyp en 2-tommers rund udskærer i mel og tryk i dejen. Læg rundstykker på 2 usmurte bageplader. Saml rester og rul ud og fortsæt med at skære så mange runder ud som muligt.

e) Bages i forvarmet ovn i 10-12 minutter, eller indtil de er gyldne. Overfør til kølestativer.

71. Mac og ost morgenmadsmuffins

INGREDIENSER:
- 2 kopper kogt mac og ost
- 1 kop panko brødkrummer
- ¼ kop revet parmesanost
- 2 store æg
- ½ kop kogt bacon i tern
- ¼ kop hakkede grønne løg
- Salt og peber efter smag

INSTRUKTIONER:
a) Forvarm din ovn til 375°F (190°C) og smør en muffinform eller beklæd den med papirbeklædning.
b) I en stor skål kombineres den kogte mac og ost, panko-brødkrummer, revet parmesanost, æg, bacon i tern, hakkede grønne løg, salt og peber. Bland indtil godt blandet.
c) 3. Hæld blandingen i den forberedte muffinform, og fyld hver kop cirka ¾ fuld.
d) Bag i cirka 20-25 minutter, eller indtil muffinsene er gyldenbrune og stivnede.
e) Tag dem ud af ovnen og lad dem køle af et par minutter, inden du tager dem ud af muffinformen.
f) Server mac and cheese-morgenmadsmuffinsene lune og nyd dem som en bærbar morgenmadsmulighed.

DIPS

72. Hvidløg og bacon dip

INGREDIENSER:

- 8 skiver bacon uden tilsat sukker
- 2 kopper hakket spinat
- 1 (8-ounce) pakke flødeost, blødgjort
- ¼ kop fuldfed creme fraiche
- ¼ kop almindelig fuldfed græsk yoghurt
- 2 spsk hakket frisk persille
- 1 spsk citronsaft
- 6 fed ristede hvidløg, mosede
- 1 tsk salt
- ½ tsk sort peber
- ½ kop revet parmesanost

INSTRUKTIONER:

a) Forvarm ovn til 350°F.

b) laver mad bacon i -en medium stegepande over medium varme indtil sprøde. Fjerne bacon fra det pande og sæt til side på -en plade foret med papir håndklæder.

c) Tilføje spinat til det hed pande og laver mad indtil visnet. Fjerne fra varme og sæt til side.

d) Til -en medium skål, tilføje fløde ost, sur fløde, yoghurt, persille, citron Juice, hvidløg, salt, og peber og slå med -en håndholdt mixer indtil kombineret.

e) Rundt regnet hakke bacon og røre ind i fløde ost blanding. Røre i spinat og Parmesan ost.

f) Overførsel til en 8" × 8" bagning pande og bage til 30 minutter eller indtil hed og boblende.

73. Krydret rejer og ostedip

INGREDIENSER:
- 2 skiver bacon uden tilsat sukker
- 2 mellemstore gule løg, pillede og skåret i tern
- 2 fed hvidløg, hakket
- 1 kop popcorn rejer (ikke den panerede slags), kogte
- 1 mellemstor tomat i tern
- 3 kopper revet Monterey jack ost
- ¼ tsk Franks rødglødende sauce
- ¼ tsk cayennepeber
- ¼ tsk sort peber

INSTRUKTIONER:
a)   laver mad det bacon i -en medium stegepande over medium varme indtil sprød, om 5-10 minutter. Holde fedt i det pande. Læg det bacon på -en papir håndklæde til fedt nok. Hvornår fedt nok, smuldre det bacon med din fingre.

b)   Tilføje det løg og hvidløg til det bacon dryp i det stegepande og sauter over mellem-lav varme indtil de er blød og duftende, om 10 minutter.

c)   Forene alle ingredienserne i -en langsom komfur; røre godt. laver mad dækket på lav indstilling til 1-2 timer eller indtil ost er fuldt ud smeltede.

74.Mursten Ost Dip

INGREDIENSER:
- 3 ounces ricotta ost
- 3 ounces frisk revet mursten ost
- 3 Spiseskeer frisk timian blade
- 6 ounce ged ost
- 1 **OUNCE** parmesan hårdt ost, frisk revet
- 4 strimler tykt snit bacon, lavede mad og smuldrede
- Salt og peber, til smag

INSTRUKTIONER:
a) Forberede det ovn til broiling.
b) Forene alle af ingredienserne i -en bagning fad.
c) Stænke det Parmesan ost over det fad.
d) Bage i -en forvarmet ovn til 5 minutter, eller indtil det ost begynder til Brun og boble.
e) Fjerne fra det ovn og tjene med det samme.

NET

75. Gnocchi med ost og baconsauce

INGREDIENSER:
- 1 kop Gnocchi
- 4 skiver bacon, kogt og smuldret
- ¼ kop revet parmesanost
- ¼ kop revet cheddarost
- ¼ kop tung fløde
- Salt og peber efter smag
- Frisk persille til pynt

INSTRUKTIONER:
a) Kog gnocchierne efter anvisningen på pakken, indtil de flyder op til overfladen. Dræn og sæt til side.
b) I en gryde kombineres smuldret bacon, revet parmesanost, revet cheddarost og tung fløde.
c) Varm gryden op over middel varme under konstant omrøring, indtil ostene smelter og saucen bliver cremet.
d) Tilsæt de kogte gnocchi til gryden og vend, indtil de er godt belagt med ost og bacon sauce.
e) Kog et par minutter for at varme igennem.
f) Smag til med salt og peber efter smag.
g) Pynt med frisk persille og server gnocchien med ost og baconsauce.

76.Vildtkødsbrød indpakket i bacon

INGREDIENSER:
- 1½ pund malet vildtkød
- 1 kop brødkrummer
- ½ kop finthakket løg
- 2 fed hvidløg, hakket
- 2 æg, pisket
- 2 spsk Worcestershire sauce
- 1 spsk dijonsennep
- 1 tsk tørret rosmarin
- ½ tsk salt
- ¼ tsk sort peber
- 8 skiver bacon

INSTRUKTIONER:
a) Forvarm din ovn til 375°F (190°C) og smør en brødform.
b) I en stor skål kombineres hakket vildtkød, brødkrummer, løg, hvidløg, æg, Worcestershire-sauce, Dijonsennep, rosmarin, salt og sort peber. Bland godt, indtil alle ingredienser er ensartet indarbejdet.
c) Overfør blandingen i den forberedte brødform og form den til et brød.
d) Pak brødet ind med baconskiver, fastgør dem med tandstikker, hvis det er nødvendigt.
e) Bages i den forvarmede ovn i ca. 1 time, eller indtil den indre temperatur når 160°F (71°C).
f) Tag den ud af ovnen og lad den hvile i 5-10 minutter, inden den skæres i skiver. Serveres varm.

77. Leberkäse

INGREDIENSER:
- 2 tsk hvid peber, gerne friskkværnet
- 1 tsk salt
- 1 tsk muskatnød eller muskatnød
- 1 tsk korianderfrø, gerne friskkværnede
- 1 spsk merianblade, hakket
- 3 løg: 1 groft hakket, 2 i tynde skiver
- 2 fed hvidløg, hakket
- 180 g røget bacon uden skorpe, hakket
- 500 g hakket oksekød
- 500 g hakket svinekød
- 350 ml iskoldt vand
- 2 spsk olivenolie
- 6-8 sprøde rundstykker, opvarmet og skåret i skiver
- en håndfuld salat, hakket
- 4-6 cornichoner, skåret på langs
- sennep, efter smag
- vegetabilsk olie, til smøring

TIL Purløgsmayonnaise
- 6 spsk mayonnaise
- et lille bundt purløg, klippet
- friskkværnet sort peber

INSTRUKTIONER:
a) Forvarm ovnen til 180°C/160°C blæser/gasmærke 4.

b) Kom peber, salt, muskat eller muskatnød, koriander, merian, hakket løg og hvidløg i en foodprocessor og pisk det til en masse. Tilsæt bacon og forbered igen, indtil det er godt blandet og ganske glat. Mens motoren kører, hæld en skefuld fars i processoren, og lad den behandle i cirka 20 sekunder eller deromkring, før du tilføjer mere.

c) Når både okse- og svinefarsen er tilsat, mens motoren holdes kørende, hældes det iskoldte vand i i en jævn siren.

d) Lad det hele behandle i endnu et par minutter, indtil du har en glat patélignende pasta. Hvis din processorskål er på den lille side, skal du muligvis gøre dette i et par partier for at få det glat nok, og derefter piske batcherne sammen til en ensartet emulsion.

e) Skrab blandingen ned i den tilberedte brødform, tryk den godt ind i hjørnerne og hæv den op, og glat overfladen ud, så den ligner et hævet brød. Bare rolig, at formen er fuld til at flyde over – den hæver ikke, når den koger, og ved at hæve den højt vil du få flotte store skiver, når du skærer den.

f) Fugt en skarp kniv med koldt vand. Lav diagonale skråstreg på tværs af overfladen for at danne et diamantmønster, tør og fugt kniven igen, mens du går, så den ikke klæber.

g) Sæt formen på en bageplade og sæt den ind i ovnen. Bag i cirka en time og 15 minutter, indtil det er brunet på overfladen og har trukket sig væk fra siderne af formen. Det skal være rygende varmt igennem – hvis du har et kødtermometer, skal det stå på 75°C/170°F i midten; hvis du ikke gør det, så stik et spyd ind i midten og lad det stå i 20 sekunder, og rør det derefter hurtigt mod din underlæbe – det skal føles varmt frem for lunkent.

h) Mens frikadellet koger laves purløgsmayonnaisen ved at røre mayonnaise og purløg sammen i en lille skål og krydre med lidt peber. Sæt til side.

i) Læg olien og løg i skiver i en stor stegepande og sæt dem over middel varme, steg indtil de begynder at blive bløde og let gyldne, cirka 10 minutter. Sluk for varmen og stil til side, indtil kødbrødet er stegt.

j) Når kødbrødet er ude af ovnen, tages det ud af formen og lægges på et skærebræt. Det skal nemt komme ud, stikket på en gaffel i hver ende.

k) Skær i 2 cm tykke skiver.

l) Sæt løgene tilbage over medium varme, og skub dem til den ene side af gryden. Steg skiverne af leberkäse i et minut eller deromkring på hver side, indtil de er sprøde. Du skal muligvis gøre dette i batches, afhængigt af størrelsen på din pande. Løgene skal karamellisere pænt sammen med skiverne af frikadellerne - hvis de er ved at blive for brune, så løft dem ud på en tallerken.

m) For at samle rullerne fordeles purløgsmayonnaisen på bunden af hver og toppes med lidt salat og et par skiver cornichon. Tilføj en skive leberkäse til hver, efterfulgt af et par løg. Smør lidt sennep på den øverste halvdel af bollen og tryk den ned på burgeren. Server straks.

78. BBQ kylling og bacon lasagne

INGREDIENSER:
- 9 lasagne nudler, kogt og afdryppet
- 2 kopper revet mozzarellaost
- 1 kop revet parmesanost
- 2 kopper kogt og strimlet kylling
- 1 kop kogt og smuldret bacon
- 1 kop BBQ sauce
- 2 kopper marinara sauce
- Friske korianderblade til pynt (valgfrit)

INSTRUKTIONER:
a) Forvarm din ovn til 375°F (190°C).
b) Fordel et tyndt lag marinara sauce i bunden i et smurt ovnfad.
c) Læg 3 lasagne nudler oven på saucen, lidt overlappende dem.
d) Fordel et lag strimlet kylling og smuldret bacon over nudlerne, efterfulgt af et drys revet mozzarellaost og revet parmesanost.
e) Dryp et lag BBQ sauce over ost og kød.
f) Gentag lagene, skift mellem nudler, marinara sauce, strimlet kylling, smuldret bacon, mozzarella ost, parmesanost og BBQ sauce. Afslut med et lag marinara sauce og et generøst drys revet mozzarella ost på toppen.
g) Dæk bageformen med folie og bag i den forvarmede ovn i 25 minutter. Fjern derefter folien og bag i yderligere 10-15 minutter, indtil osten er gylden og boblende.
h) Når den er bagt, tag lasagnen ud af ovnen og lad den hvile et par minutter inden servering.
i) Pynt med friske korianderblade, hvis det ønskes.

79.Hawaii pizza

INGREDIENSER:
SKORPE
- 1 opskrift Boghvede Pizza Crust, Tomat Pizza Crust, Oregano Pizza Crust eller Instant Pizza Crust

TOPPINGS
- 1 opskrift Cherry Tomat Marinara
- 1 opskrift på basisost
- 1 kop frisk ananas i tern
- 1 opskrift Coconut Baconor Aubergine Bacon
- Olivenolie eller urte-infunderet olivenolie

INSTRUKTIONER:

a) Lav din marinara. For en tykkere marinara, tilsæt 1 spiseskefuld hakkede soltørrede tomater, når du blender din sauce. De tørrede tomater vil opsuge overskydende tomatjuice.

b) Saml pizzaen ved at fordele marinaraen på skorpen. Drop klatter ost fra en ske på pizzaen. Tilsæt ananas og bacon. Dryp med et par spiseskefulde olivenolie inden servering.

c) Holder sig 1 dag i køleskabet.

80. Jack Daniel's Bacon Mac 'n' Cheese

INGREDIENSER:
- 1 pind (4 ounce) smør
- 2 spsk hakket hvidløg
- ½ kop mel
- ¼ kop Jack Daniel's
- 7 kopper sødmælk
- 8 ounces flødeost
- 1 kop revet parmesan
- 3 kopper mexicansk blanding, strimlet
- 2 kopper salsa
- ⅛ kop hakket bacon
- 18 kopper ukogt pennepasta

INSTRUKTIONER:

a) Bring en gryde med vand i kog og kog penne pasta nudler efter pakkens anvisning. Normalt omkring 10 minutter.
b) Smelt imens 1 stang smør i en gryde ved svag varme.
c) Tilsæt hvidløg og svits indtil duften.
d) Når det er smeltet, tilsæt mel og kog i 2 minutter, indtil det er let brunet. Deglaze med Jack Daniel's.
e) Tilsæt mælk og rør konstant, indtil det begynder at tykne.
f) Tilsæt flødeost og bland for at inkorporere.
g) Tilsæt langsomt parmesan, indtil den er inkorporeret.
h) Tilsæt mexicansk revet ost, langsomt, indtil det er glat.
i) Lad ostesauce køle af i mindst en time, og tilsæt derefter salsa.
j) Når din pasta er al dente, drænes den og vendes tilbage i gryden.
k) Hæld ostesovsen over pennepastaen og rør forsigtigt sammen.

81. Tiramisu Risotto

INGREDIENSER:
- 1 kop kogte hvide langkornede ris
- ¼ lille sødt løg
- 2 skiver bacon
- 1 tsk ahornsirup
- 1 kop brygget kaffe
- ½ kop mælk
- ½ spsk usaltet smør
- 2 spsk mascarpone ost
- 1 spsk revet parmesanost
- ⅛ teskefuld bagning af usødet kakao
- 1 stort æg
- Salt og sort peber efter smag

INSTRUKTIONER:
a) Pil og hak løg.
b) I en skål blandes parmesanost og kakao.
c) Steg bacon i en slip-let stegepande ved middel varme, indtil det er sprødt. Afdryp på køkkenrulle og hak derefter bacon. Kom baconen i en lille skål med ahornsirup. Rør det godt og sæt til side.
d) I en gryde smeltes smør ved middel varme og løg steges til det er gennemsigtigt. Rør kaffen i og bring det i kog. Rør ris i og lad det simre, indtil kaffen næsten er absorberet.
e) Rør mælk og mascarponeost i gryden.
f) Lad det simre under konstant omrøring for at opløse mascarponeosten og fortsæt med at simre under jævnlig omrøring, indtil væsken næsten er absorberet.
g) Rør derefter baconblandingen i gryden og tilsæt salt og sort peber efter smag.
h) Overfør risottoen til 24 ounces af ramekinen. Lav et indhug i midten af risottoen og knæk ægget i.
i) Drys parmesanosteblanding over toppen og bag i forvarmet 400 grader F ovn i 7-8 minutter.

82.Bacon Mac og ost Suppe

INGREDIENSER:
- 1 æske mac og ost
- 2 kopper hønsebouillon
- 1 kop hakket kogt bacon
- ½ kop tung fløde
- ¼ kop hakkede grønne løg

INSTRUKTIONER

a) Kog mac og ost efter anvisningen på æsken.

b) I en stor gryde kombineres den kogte mac og ost, kyllingebouillon, hakket kogt bacon, tung fløde og hakkede grønne løg.

c) Opvarm over medium varme, omrør lejlighedsvis, indtil det er gennemvarmet.

83. Slow Cooker Bacon Mac Cheese

INGREDIENSER:
- 2 store æg, let pisket
- 4 kopper sødmælk
- 1 dåse (12 ounce) inddampet mælk
- ¼ kop smør smeltet
- 1 spsk universalmel
- 1 tsk salt
- 1 pakke (16 ounce) små pastaskaller
- 1 kop revet provolone ost
- 1 kop revet Manchego eller Monterey Jack ost
- 1 kop revet hvid cheddarost
- 8 baconstrimler, kogte og smuldrede

INSTRUKTIONER:

a) Pisk de første 6 ingredienser i en stor skål, indtil de er blandet. Bland i oste og pasta; hældes i en 4-5-quart langsom komfur.

b) Læg låg på og kog på lavt niveau, indtil pastaen er blød i 3-3-½ time.

c) Sluk for slow cookeren, og tag blandingen ud. Lad sidde uden låg i 15 minutter, før du spiser. Drys med bacon.

84. Parmesan og Ricotta Pizza

INGREDIENSER:
- Opskrift på honninghvede pizzadej
- ¼ kop pistacienødder, hakket
- 4 strimler røget bacon, skåret i skiver
- ½ kop parmesanost, revet
- 2 spiseskefulde ekstra jomfru olivenolie
- ½ tsk peber, friskmalet
- ½ Kop Rainbow mix Micro Greens
- ¼ tsk havsalt
- ½ kop ricotta ost

INSTRUKTIONER:
a) Forvarm ovnen til 500 grader Fahrenheit.
b) Kombiner Ricotta, Parmesan, Olivenolie, Havsalt og Peber i en røreskål. Rør grundigt.
c) Dæk den tilberedte pizzadej med fyldet.
d) Læg halvdelen af pistacienødderne ovenpå, og læg derefter bacon i lag.
e) Bages i 16 minutter, eller indtil baconen er sprød og dejen er gyldenbrun.
f) Pynt med de resterende pistacienødder og mikrogrønt.

SALATER

85. Caesar Gnocchi salat

INGREDIENSER:
- 1 pund kartoffel gnocchi
- Romainesalat, hakket
- Kogt bacon, smuldret
- Revet parmesanost
- Caesar dressing
- Croutoner

INSTRUKTIONER:
a) Kog gnocchierne efter anvisning på pakken, dræn derefter og stil til side.
b) I en stor skål kombineres den hakkede romainesalat, kogt bacon, revet parmesanost og croutoner.
c) Kom den kogte gnocchi i skålen og dryp med Cæsardressing.
d) Vend forsigtigt for at dække alle ingredienserne med dressingen.
e) Server Cæsar-gnocchi-salaten som en solid og tilfredsstillende mulighed.

86.Hummer Cobb salat

INGREDIENSER:
- 2 hummerhaler, kogte og kød fjernet
- 4 kopper blandet grøntsalat
- 4 skiver kogt bacon, smuldret
- 2 hårdkogte æg, hakket
- 1 avocado i tern
- ¼ kop smuldret blåskimmelost
- ¼ kop cherrytomater, halveret
- 2 spsk hakket purløg
- Ranch dressing til servering

INSTRUKTIONER:
a) Skær hummerkødet i mundrette stykker.
b) Anret de blandede salatgrøntsager på et serveringsfad.
c) Top med det hakkede hummerkød, smuldret bacon, hakket hårdkogte æg, avocado i tern, smuldret blåskimmelost, cherrytomater og hakket purløg.
d) Dryp med ranchdressing eller server dressingen ved siden af.
e) Bland ingredienserne sammen lige før servering for at kombinere smagene.
f) Nyd den tilfredsstillende kombination af ingredienser i denne solide hummer Cobb salat.

87. Brændeovn Cæsar Salat

INGREDIENSER:
SALAT
- 2 hele ædelstenssalater, halveret på langs
- 8 rasher røget stribet bacon
- 2 ounce croutoner
- 2 ounces f eta
- 2 citroner, halveret
- 2 spsk parmesan, barberet

FORBINDING
- 1 fed hvidløg, knust
- 2 ansjoser, finthakket
- 5 spsk mayonnaise
- 1 spsk hvidvinseddike

INSTRUKTIONER:
a) Tilsæt alle ingredienserne til dressingen i en røreskål og pisk, indtil det er glat.
b) Forvarm Grizzler panden i brændeovnen.
c) Fjern Grizzler fra brændeovnen og tilsæt bacon til panden.
d) Steg i tre minutter i din træovn, eller indtil baconen er sprød.
e) Tag gryden af varmen og læg de halverede ædelstensalater og citroner oven på baconen på Grizzler'en.
f) Steg i 1 minut i ovnen, eller indtil der kommer grillmærker på undersiden af salat og citroner.
g) Fjern indholdet af gryden og læg dem på et serveringsfad.
h) Top salaten med smuldret feta, et generøst skvæt dressing og en håndfuld sprøde croutoner.

88.Bacon Ranch Mac og ostesalat

INGREDIENSER:
- 1 æske mac og ost
- ½ kop kogt og smuldret bacon
- ¼ kop hakkede grønne løg
- ¼ kop hakkede cherrytomater
- ¼ kop ranchdressing

INSTRUKTIONER:
a) Kog mac og ost efter anvisningen på æsken. Lad køle af.
b) Bland den kogte og smuldrede bacon, hakkede grønne løg, hakkede cherrytomater og ranchdressing i en separat skål.
c) Tilsæt den afkølede mac og ost og rør, indtil det hele er jævnt belagt.

89. Mac og ostesalat med bacon

INGREDIENSER:
- 1 æske mac og ost
- ½ kop kogt og smuldret bacon
- ¼ kop hakkede grønne løg
- ¼ kop hakkede cherrytomater
- ¼ kop mayonnaise
- 1 spsk dijonsennep
- Salt og peber efter smag

INSTRUKTIONER:

a) Kog mac og ost efter anvisningen på æsken. Lad køle af. Bland mayonnaise, dijonsennep, salt og peber i en separat skål.

b) Tilsæt den kogte bacon, hakkede grønne løg og hakkede cherrytomater til den afkølede mac and cheese.

c) Hæld mayonnaiseblandingen over toppen og rør, indtil alt er jævnt belagt.

90.Mac og ostesalat med broccoli og bacon

INGREDIENSER:
- 1 æske mac og ost
- 1 kop hakket kogt broccoli
- ½ kop kogt og smuldret bacon
- ¼ kop hakkede grønne løg
- ¼ kop mayonnaise
- 1 spsk dijonsennep

INSTRUKTIONER:

a) Kog mac og ost efter anvisningen på æsken. Lad køle af.

b) Bland mayonnaise og dijonsennep i en separat skål. Tilsæt den hakkede kogte broccoli, kogt og smuldret bacon og hakkede grønne løg til den afkølede mac and cheese.

c) Hæld mayonnaiseblandingen over toppen og rør, indtil alt er jævnt belagt.

SIDER

91. Baconstegt Bruxelles spirer

INGREDIENSER:

- L emon aioli
- 1 kop mayonnaise
- 1 citron, skrællet og saftet
- 3-5 fed hvidløg, hakket
- rosenkål
- 2 pund rosenkål , gule blade trimmet
- 2 spsk ekstra jomfru olivenolie
- 2-4 strimler bacon skåret i ½' stykker.
- 3 timiankviste

INSTRUKTIONER:
FOR AT TILBEREDE CITRONE-AIOLI:

a) Kombiner mayonnaise, citronsaft, skal, hvidløg og 14 tsk salt og peber i en lille skål. Bland grundigt.

b) Stil aiolien på køl i en tætlukket skål eller krukke, indtil den skal bruges. Du kan forberede den op til tre dage før tid.

TIL BRUSSELSPIEREN:

c) Opvarm en stor ovnsikker stegepande til medium-høj.

d) Kombiner olivenolie, bacon og timian i en separat skål; krydr med 14 tsk salt og en knivspids peber. Kog under ofte omrøring i 4 minutter, eller indtil baconfedtet er smeltet.

e) Smid rosenkålene i og lad det simre i 10 til 20 minutter, mens du rører i gryden hvert 2.-3. minut. Ømhed af brussel tudene skal kontrolleres.

f) Overfør stegepanden til brændeovnen og rist spirerne, indtil de er møre, cirka 15 minutter, ryst panden eller vend med en stor ske for at forhindre, at baconen klæber og brænder på.

g) Tag ud af brændeovnen og hold varm i ovnen, eller server med det samme.

92. Boston bagte bønner

JEG

INGREDIENSER:
- 10 ounce røget bacon i tern
- 1 kop tørrede cannellini bønner
- 3 ounce cherrytomater, halveret
- 1 løg, finthakket
- 1 fed hvidløg, knust
- ½ tsk stødt allehånde
- 1 laurbærblad
- 1½ kopper kogende vand
- 2 spsk sort sirup
- ⅛ kop mørk brun farin
- 1 tsk engelsk sennep
- Salt og friskkværnet sort peber

INSTRUKTIONER:
a) Kombiner bacon, uudblødte tørrede bønner og tomater i en gryde med terracotta eller lertøj.
b) Tilsæt løg, hvidløg og krydderier samt laurbærbladet, og rør rundt.
c) Rør sukker og sennep i, indtil det er helt opløst, og smag til med salt og peber.
d) Dæk med et tætsluttende låg eller tæt pakket folie.
e) Placer i en kølig ovn ved slutningen af en aftens madlavning, med en starttemperatur på omkring 180°C (350°F), og lad stå natten over.

93. Bacon Ranch Fries

INGREDIENSER:
- 4 store rødbrune kartofler
- 2 spiseskefulde vegetabilsk olie
- 1 spsk ranch krydderblanding
- ½ kop revet cheddarost
- 4 skiver kogt bacon, smuldret
- Frisk hakket persille til pynt (valgfrit)

INSTRUKTIONER:

a) Forvarm ovnen til 425°F (220°C) og beklæd en bageplade med bagepapir.

b) Vask og tør kartoflerne, lad skindet sidde. Skær dem i ¼ til ½ tomme tykke fritter.

c) I en stor skål, smid fritterne med vegetabilsk olie og ranch-krydderiblanding.

d) Læg fritterne i et enkelt lag på bagepladen og bag dem i 25-30 minutter, indtil de er sprøde.

e) Tag ud af ovnen og drys med revet cheddarost og smuldret bacon.

f) Sæt tilbage i ovnen i 2-3 minutter, indtil osten er smeltet.

g) Pynt med hakket frisk persille, hvis det ønskes, og server varmt.

94.jul Osteagtig bacon rosenkål pommes frites

INGREDIENSER:
- 4 store rødbrune kartofler
- 2 spiseskefulde vegetabilsk olie
- 1 kop revet cheddarost
- ½ kop kogt bacon, smuldret
- 1 kop ristet rosenkål, hakket
- ¼ kop creme fraiche
- Frisk hakket persille til pynt

INSTRUKTIONER:

a) Forvarm ovnen til 425°F (220°C) og beklæd en bageplade med bagepapir.
b) Vask og tør kartoflerne, lad skindet sidde. Skær dem i ¼ til ½ tomme tykke fritter.
c) I en stor skål, smid fritterne med vegetabilsk olie, indtil de er jævnt belagt.
d) Læg fritterne i et enkelt lag på bagepladen og bag dem i 25-30 minutter, indtil de er sprøde.
e) Tag fritterne ud af ovnen og drys revet cheddarost over dem.
f) Sæt fritterne tilbage i ovnen i et par minutter, indtil osten er smeltet.
g) Tag dem ud af ovnen og top de osteagtige fritter med smuldret bacon, ristede rosenkål og klatter creme fraiche.
h) Pynt med hakket frisk persille.
i) Server varm og nyd de festlige og velsmagende Cheesy Bacon Rosenkål Fries til julefejringen.

95.German Bratkartoffeln frits

INGREDIENSER:
- 4 kopper kogte kartofler, afkølet og skåret i skiver
- 2 spiseskefulde vegetabilsk olie
- 1 løg, skåret i tynde skiver
- 4 skiver bacon, hakket
- 1 tsk paprika
- 1/2 tsk salt
- 1/4 tsk sort peber
- Frisk persille, hakket (til pynt)

INSTRUKTIONER:
a) Opvarm vegetabilsk olie i en stor stegepande over medium varme.
b) Tilsæt det hakkede bacon i gryden og steg til det er sprødt.
c) Fjern baconen fra panden og stil den til side.
d) Tilsæt de snittede løg i den samme stegepande og sauter dem, indtil de er bløde og gyldenbrune.
e) Tilsæt de kogte kartofler til gryden og kog dem, indtil de er sprøde og let brunede, cirka 5-7 minutter på hver side.
f) Drys paprika, salt og sort peber over kartoflerne og bland godt for at dække dem jævnt.
g) Kog kartoflerne i yderligere 2-3 minutter, så smagen smelter sammen.
h) Tag gryden af varmen og drys den sprøde bacon over kartoflerne.
i) Pynt med friskhakket persille.
j) Server pommes fritesen varme som et lækkert tilbehør eller en solid snack.

96. Chicken Ranch Fries

INGREDIENSER:
- Frosne pommes frites
- Kogt kyllingebryst, skåret i tern eller strimlet
- Sprød bacon, smuldret
- Ranch dressing
- Revet ost
- Frisk hakket persille (valgfrit)

INSTRUKTIONER:
a) Forvarm ovnen og kog de frosne pommes frites efter pakkens anvisning.
b) Når pommes frites er kogt, overfør dem til et ovnsikkert fad eller bageplade.
c) Top fritterne med hakket eller revet kogt kyllingebryst.
d) Drys sprøde baconcrumbles over kyllingen.
e) Dryp ranchdressing over fritterne.
f) Drys revet ost ovenpå.
g) Steg i ovnen i et par minutter, indtil osten er smeltet og boblende.
h) Tag ud af ovnen og pynt med hakket frisk persille, hvis det ønskes.

97.Irsk Loaded Fries

INGREDIENSER:
- 4 store rødbrune kartofler
- 2 spiseskefulde vegetabilsk olie
- 1 kop revet cheddarost
- ½ kop kogt bacon, smuldret
- ¼ kop hakkede grønne løg
- ¼ kop creme fraiche

INSTRUKTIONER:
a) Forvarm ovnen til 425°F (220°C) og beklæd en bageplade med bagepapir.
b) Vask og tør kartoflerne, lad skindet sidde. Skær dem i ¼ til ½ tomme tykke fritter.
c) I en stor skål, smid pommes frites med vegetabilsk olie.
d) Læg fritterne i et enkelt lag på bagepladen og bag dem i 25-30 minutter, indtil de er sprøde.
e) Tag den ud af ovnen og drys den revne cheddarost jævnt over fritterne. Sæt tilbage i ovnen i et par minutter, indtil osten er smeltet.
f) Tag dem ud af ovnen og top de fyldte pommes frites med smuldret bacon, snittede grønne løg og klatter creme fraiche.
g) Server varm og nyd de irsk-inspirerede fyldte pommes frites til St. Patrick's Day-fester.

DESSERT

98. Carnivore kage

INGREDIENSER:
BRAUNSCHWEIGER
- ¼ pund svinekød eller oksetunge, skåret i tern
- 10 ounce svine- eller okselever, skåret i tern
- 2 hårdkogte æg, pillede
- 6 ounce svinerygfedt, skåret i tern
- 1½ tsk pink havsalt

TIL TOPPING
- 6 skiver prosciutto eller Carpaccio
- 6 skiver bacon

INSTRUKTIONER:
a) Lav denne ret 1 til 2 dage før spisning.
b) Tilsæt svinelever, skulder og fedtterninger i en foodprocessor og forbered godt.
c) Hæld det i en springform. Dæk gryden med folie, så der ikke kommer vand ind i gryden. Sørg for, at den er tæt pakket ind.
d) Tag en bradepande, større end springformen, og hæld en tomme kogende vand i bunden af gryden.
e) Læg springformen i bradepanden.
f) Stil bradepanden sammen med springformen i ovnen i cirka 2 timer. Sørg for, at din ovn er forvarmet til 300° F, før du sætter bradepanden i ovnen.
g) Tag springformen ud af ovnen. Lav 2 brønde i gryden, store nok til, at et æg kan passe i. Læg et kogt æg i hver brønd. Dæk æggene med en skefuld kød.
h) Afkøl og stil i køleskabet i 1-2 dage.
i) Læg prosciutto og baconskiver ovenpå. Tjene.

99. Maple Bacon Ice Cream med Maple-glaserede donuts

INGREDIENSER:
TIL Ahorn BACON IS:
- 1 kop tung fløde
- 1 kop sødmælk
- 3/4 kop ren ahornsirup
- 4 æggeblommer
- 1/2 tsk vaniljeekstrakt
- 4 skiver bacon, kogt og smuldret

FOR Ahorn-GLASERDE DONUTS:
- 2 kopper universalmel
- 1/2 kop granuleret sukker
- 2 tsk bagepulver
- 1/2 tsk salt
- 1/2 kop sødmælk
- 2 spsk usaltet smør, smeltet
- 1 stort æg
- 1 tsk vaniljeekstrakt
- Vegetabilsk olie, til stegning

TIL Ahornglasur:
- 1 kop pulveriseret sukker
- 2 spsk ren ahornsirup
- 1-2 spsk mælk

INSTRUKTIONER:
FORBERED Ahorn-BACON-ISEN:
a) Opvarm den tunge fløde, mælk og ahornsirup i en gryde over medium varme, indtil det begynder at dampe. Lad det ikke koge.
b) I en separat skål piskes æggeblommerne, indtil de er glatte. Hæld langsomt omkring halvdelen af den varme flødeblanding i æggeblommerne under konstant piskning.
c) Hæld æggeblommeblandingen tilbage i gryden med den resterende flødeblanding. Kog ved lav varme under konstant omrøring, indtil blandingen tykner og dækker bagsiden af en ske. Lad det ikke koge.
d) Fjern fra varmen og rør vaniljeekstrakten i. Lad blandingen køle helt af, og stil den derefter på køl i mindst 4 timer eller natten over.
e) Når den er afkølet, skal du kærne blandingen i en ismaskine i henhold til producentens anvisninger. Tilsæt smuldret bacon i løbet af de sidste

par minutter af kærvning. Overfør isen til en beholder med låg og frys i et par timer, indtil den er fast.

FORBERED DE Ahorn-GLASERDE DONUTS:
f) I en stor røreskål piskes mel, sukker, bagepulver og salt sammen.
g) I en separat skål piskes mælk, smeltet smør, æg og vaniljeekstrakt sammen.
h) Hæld de våde ingredienser i de tørre ingredienser og rør, indtil de netop er blandet. Overbland ikke.
i) På en meldrysset overflade rulles dejen ud til en 1/2-tommers tykkelse. Skær doughnut-former ud ved hjælp af en doughnut-udstikker eller to runde kagedåser i forskellig størrelse.
j) Opvarm vegetabilsk olie i en dyb gryde eller frituregryde til 350°F (175°C). Steg donutsene i omgange, vend dem én gang, indtil de er gyldenbrune og gennemstegte. Fjern fra olien og lad dryppe af på køkkenrulle.

FORBERED Ahornglasuren:
k) I en skål piskes flormelis og ahornsirup sammen, indtil det er godt blandet.
l) Tilsæt 1 spsk mælk og pisk til det er glat. Hvis glasuren er for tyk, tilsæt endnu en spiseskefuld mælk og pisk indtil den ønskede konsistens er nået.

SAMLE:
m) Dyp hver afkølet donut i ahornglasuren, og lad overskydende glasur dryppe af.
n) Læg de glaserede donuts på en rist og lad glasuren stivne et par minutter.
o) Server ahornbaconisen sammen med de ahornglaserede donuts.

100.Æble-, banan- og bacongrill

INGREDIENSER:
- ½ kop sukker, brunt; fast pakket
- ½ tsk kanel, stødt
- 4 bananer, faste
- Citronsaft; friskpresset
- 4 baconstrimler
- 8 æbleringe

INSTRUKTIONER:
a) Bland sukker og kanel.
b) skræl bananer; pensl med citronsaft og dyp i sukkerblandingen.
c) Vikl en baconstrimmel rundt om hver banan; sikre det med træhakker. drys æbleringe med den resterende sukkerblanding.
d) Placer frugt på en grillrist med overfladen af mad 3 tommer under varmekilden. Grill i 8 til 10 minutter, roter frugten én gang.

KONKLUSION

Når vi afslutter vores baconfyldte rejse sammen, håber vi, at denne kogebog har tændt din kærlighed til denne elskede ingrediens og udvidet din kulinariske horisont. Mulighederne med bacon er virkelig uendelige, og vi har kun ridset overfladen af dets potentiale i disse opskrifter.

Vi opfordrer dig til at tage de færdigheder og viden, du har fået fra disse sider, og eksperimentere med dine egne kreationer. Kombiner bacon med uventede ingredienser, udforsk forskellige tilberedningsmetoder, og lad dine smagsløg guide dig. Del dine bacon-infunderede triumfer med venner og familie, og nyd glæden ved at se deres ansigter lyse op af glæde.

Husk, bacon er ikke kun en ingrediens; det er en oplevelse – en symfoni af smag, der tilføjer dybde og spænding til enhver ret. Uanset om du nyder det som en trøstende morgenmadsgodbid, en fristende forret eller en læskende hovedret, har bacon kraften til at forvandle et almindeligt måltid til et ekstraordinært.

Tak fordi du var med på dette baconfyldte eventyr. Må dit køkken altid være fyldt med den uimodståelige aroma af sydende bacon, og må dine smagsløg for evigt danse med den smag, det giver. God madlavning og god appetit!